ゼロから“イチ”を生み出せる！

がんばらない働き方

グーグルで学んだ“10x”を手にする術

Piotr Feliks Grzywacz
ピョートル・フェリクス・グジバチ

青春出版社

はじめに

みなさん、こんにちは。ピョートルです。

いきなりですが、いま私がみなさんに一番お伝えしたいのは、

「がんばらないでください！」

ということです。

がんばります。

がんばらなきゃ。

大変だけど、もっとがんばるしかないな。

とにかくがんばろう、どうにかなるはずだ。

あんなにがんばったのに、うまくいかなかった。

がんばりが足りなかった。今までの3倍がんばらないと。


――日本企業の方と仕事をしていると、毎日のように聞く「がんばる」。しかしこれは日本特有のものです。

「がんばります」を英語にすると、
"Do your best（最善を尽くそう）"
になるかもしれません。しかし実際に使われることは、まずありません。

僕は、消費行動の研究のために来日し、ベルリッツ、モルガン・スタンレー、グーグルと、グローバル企業の日本支社で働いてきましたが、やはり耳にしたことはありません。

そういう僕が、日本のビジネスパーソンに「がんばります」と言われたときどう思うかというと、正直なところ、あまりポジティブな印象ではないのです。

いってみれば、時代劇で殿様にひれ伏すような感じかもしれません。プレッシャーがかかる場面をとにかくやりすごしたい。疑問や反論があっても我慢しなきゃ……ここまではないとしても、ポジティブで、自由で主体的なやる気よりも、忍耐や努力をしますという宣言のように聞こえてしまうことが多いのです。

本当は、そこで「どんなプロセスでやれば成果が出せるか」といった会話をしたいのですが、「がんばります」といわれると、どうも方向が違ってしまうのです。


日本の職場では、なぜこれほど「がんばります」が飛び交うのでしょう？

背景にあるのは、おそらく日本企業に根強く残っているピラミッド型の組織でしょう。上から下へと命令が下りてくる。「これ、やっといて」と命じられると「がんばります」以外の答は許されない。異論や反論をできる空気ではないわけです。

「これは、何のための仕事ですか？」

「いつまでに、どんなアウトプットが必要でしょう？」

「今進めていた他の仕事よりも、優先したほうがいいですか？」

といった確認や質問がしにくい空気だから、「がんばります」の一言で引き受ける。

その仕事を進める上で困難なことがあったり、当初の目標をクリアできそうになかったりすると、「がんばらなきゃ」と、残業や休日出勤でどうにかしようとしてしまう……みなさんも、心当たりがあるのではないでしょうか。

努力や忍耐は僕も大好きですが、仕事で成果をあげることにおいては、ちょっともったいないなと思うのです。

「がんばる」人を見ていると、課題をクリアするためにできるだけ頭を使うというよりも、人に頼まれた仕事でto doリストをいっぱいにして、毎日忙しく働くことになってしまっているようです。

メールを何通送った、お客さんと打ち合わせを何回こなした、企画書を何回修正した、という「作業」の量を増やすことで問題が解決してくれればと、無意識のうちに思っているように見えます。つねに何らかの作業をし、いつも手を動かしていないと上司や周囲にどう思われるかわからない、という強迫観念もあるかもしれません。

効率よく最大のアウトプットを出そうという意識があまり強くないように見えてしまうのです。

「がんばる」はソリューションではありません。がんばることをよしとする働き方を続けても、目先の仕事に追われ続けるばかりで、いずれ疲弊してしまうのではないでしょうか。

その仕事の意味をじっくり考える余裕もなければ、仕事を心から楽しむことも、大きな課題を解決することも、できないでしょう。まして、自分が本当にやりたいこと、人生のミッションを追いかけることも、できません。

「それでいいんだ、このままでいいんだ」という人も、いるかもしれません。しかし環境の変化は着実に進んでいます。

がんばって手を動かすだけで終わる単純な仕事は、ＩＴによる自動化やアウトソーシングによって、どんどん効率化されています。ＡＩによって自分の仕事が代替される時代も、すぐそこまで来ているかもしれないのです。

がんばりさえすれば評価される時代は、もう終わりました。だから、もうがんばらないでください、とお願いしたいのです。

これからの時代をリードするのは、もっと主体的に動き、学び続け、成長し続ける人です。ゼロから新しい価値を生み出し、自分にしかできない仕事をつくり出し、「社会にインパクトを与えるような仕事する」という大きなミッションと情熱を持つ人です。

ここでいうインパクトとは、同じ時間で生み出す価値が大きいことをいいます。

僕は、そんな人たちのことを「ニューエリート」と定義しています（詳しくは、前著『ニューエリート グーグル流・新しい価値を生み出し世界を変える人たち』（大和書房）にまとめましたので、興味のある方は参照してください）。

僕が本書を通してお伝えしたいのは、**「インパクトが大きい仕事をする」ときに大切なのは、あれもこれもこなそうとするのではなく「ムダを捨てること」だということです。それは作業をがんばることではなく、むしろがんばらないことです。**

頭に余裕がなければ、新しい価値は生み出せない

がんばって手を動かす前に、落ち着いて頭を整理しましょう。頭に余裕がなければ、新

しいアイデアや深い思考はできません。求めるインパクトを得るために、不要なものを「捨てる」決断が必要になるのです。

ときには、思い切ってパソコンから離れてボーッと空を眺めるほうがいいこともあります。あるいはオフィスから抜け出して、普段顔を合わせない社外の人と飲みニケーションするのもいいでしょう。

まわりからはサボっているように見えるかもしれません。でも、作業で頭が一杯になっているうちは、新しいアイデアも湧いてこないのです。

インパクトが大きい仕事を手にするには「作業」から離れる時間が欠かせません。

だから僕は「がんばります」という言葉を聞くたび、

「もうがんばらないでください」

「ちょっと落ち着いて、頭を整理してください」

とお願いしているのです。

新しい価値というものは、いつでも「余裕のある頭」から生まれます。

1つ、僕がグーグルで働いていた頃のエピソードを紹介しましょう。

グーグルに入社した若い人は、ＩＴの知識を持つ人はエンジニアに、そのほかの人はまず中小企業向けのセールス部隊に配属されるのが恒例になっています。

そのあとで別のセールスチームに異動する場合もあれば、人事やマーケティング部隊に配属になるケースもあるのですが、まずはグーグルの商品やサービスを学び、会社がどんなふうに動いていて、お客様とどう接しているのか、２年かけて学んでもらうのです。

セールスのターゲットは、具体的には各種の小売店や病院、レストランなどです。もちろん重要なお客様であることは間違いありません。しかし、グーグルのほかの仕事に比べると、地味な感じがするのは否めません。

そのせいで、グチをいう若い人がいるのです。グーグルというと、最先端の企業であり、世界を変えるようなイノベーションの宝庫であり、ワークスタイルもユニークでありと、派手なイメージがあるせいでしょう。

「グーグルに入ったのは、世界を変えるような大きな仕事がしたかったからなのに……」

きっと毎日 to do リストがいっぱいで、うんざりしているのだと思います。

一方、そんな環境でもインパクトを出せる人がいるのです。

例えば、こんな女性です。

彼女は「とりあえず与えられたミッションを最大限に全うしないことには、次のミッションを与えてもらえないだろう」と、冷静に考えました。

具体的には、中小企業向けのセールスで世界トップの営業マンになることを、目標に定めたのです。

そして、その数字を達成するために、1時間あたりどのぐらいの生産性が必要になるのか逆算しました。売上を労働時間で割れば、その目安が割り出せます。

その生産性を獲得するために、どうしたらいいのか。次に彼女は、自分なりのセールスの作戦を立てました。例えば、電話営業をするにも、どのお客さんに、いつ、どんな頻度で電話をかければいいか、見当をつけます。

「飲食店が休憩に入るこの時間帯に電話をかけると、○%の確率でクロージングできるから、○円ぐらいの売上が期待できるお客さんに、1日○件ぐらいのペースで電話をかければ、目標の数字を達成できるのでは？」

「病院なら、看護師さんが8時半に出勤してくる。**院長が出勤してくる8時から8時半に電話をすれば、看護師さんではなく、院長と直接話ができる可能性が高い……」**

ここまでやると「捨てる」べき仕事もわかります。例えば、一定以上の売上が見込めない相手は捨てられます。電話営業する時間帯も限定できるため、それ以外の時間は頭の整理や、次の作戦を考える作業にあてることができます。

果たして彼女は、楽に、なおかつ人の何倍もの生産性を手にすることになったのです。

彼女は仕事を「がんばった」のでしょうか?

いいえ。

彼女はむしろ、より楽に、より効率的に、生産性を高めたのです。

本書では、社会にインパクトをもたらす仕事をするための、「がんばる」とは違う働き方について、語っていきたいと思います。

「がんばらない働き方」によって、アウトプットを飛躍的に高めるみなさんとどこかでお会いするのを楽しみにしています。

目次

2章

to doをこなそうとがんばっていませんか？

——まず「しないこと」をリストアップしよう——

3章

"意図のないX《エックス》"をやめよう

——アウトプットからの逆算ですべてが決まる——

4章

自分の影響力が上がるネットワーク術

——人間関係も意識的に整理しよう——

5章 「インパクト」が大きくなる働き方

――「～しなきゃ」から自由になろう――

6章 「心理的安全性」をキープする方法
――「本音をいえる」が生産性アップのベースになる――

7章 自分にしかできない「新しい価値」の生み出し方
――「ミッション」はこう考えれば見えてくる――

1章

なぜ「がんばらない」ほうがうまくいくのか？

「インパクト」を与えるために働こう

グーグルの生産性の高さが示すもの

よく言われている通り、日本人は忙しすぎます。僕はグーグルを独立してから色んな会社の経営や組織を日々見ているのですが、その中でも日本人は特に群を抜いています。「疲れ切っている」といって差し支えないでしょう。

しかし、そこまで働いているのに、給料は上がらず、残業の多さも解決していないのは、なぜなのでしょう。

生産性の低さも、しばしば指摘されている問題です。日本生産性本部の「労働生産性の国際比較2017年版」によると、日本の時間あたり労働生産性はOECD加盟35カ国中20位。1位のアイルランドの半分程度しかない、といいます。

こうしたデータは、日本人は「がんばっている」のに、結果的にとても非効率な働き方になっていることを示しています。

日本人が忙しいのは、不要な仕事までがんばってしまっているから。そのせいで疲れてしまい、大きなアウトプットを出しにくくなっている、ということです。

さて、本書のキーワードである「がんばらない」、「捨てる」という言葉からは、「捨てて楽になる」というストーリーを想像する人も、多いかもしれません。

ムダな仕事を減らせば、楽になれる。残業せずに家に帰り、家族とゆっくり過ごせる。好きな趣味に打ち込む時間も作れる……。もちろん、それは素晴らしいことです。すぐにでも実践して頂きたいことの1つです。

捨てるのは、楽になるため。最初はそんな動機でいいと思います。でも、それだけだとちょっともったいないと、僕は思います。

本当に「楽になる」だけでいいのか、考えてみたことはありませんか？

捨てる目的は、別のところにあります。まずは不要な仕事を減らし、楽になり、頭を整理すること。そうして、より効率的に、より価値の高い仕事に時間を投下することで、生産性を爆発的に高めること。より多くの人の役に立ち、自己実現を果たしていくこと。

それが「捨てる」本来の目的なのです。

僕が以前働いていた**グーグルは、常に「10x《テンエックス》」、つまり「今の10倍の成果をあげよう」としている企業でした。1割、2割の生産性アップではなく、いきなり10倍なのです。**

それが絵に描いた餅に終わらなかったのは、グーグルの社員たちが、誰よりも効率的に、つまり「楽に」働けるよう、工夫をこらしていたからです。

それも、作業を1分1秒短縮するといったレベルの工夫ではありません。10倍の飛躍を目指すからには、過去の延長線上の発想では全く足りません。仕事の仕方そのものを見直す必要があるのです。

その結果としてのグーグルの急成長と、世界にもたらしているインパクトの大きさは、まさに劇的なものです。

グーグルは、1998年にラリー・ペイジとセルゲイ・ブリンの手によって創業されました。それからわずか20年足らずのうちに、企業価値は15兆円を超えました。年間の生産性は、従業員ひとりあたり1259万円。ちなみに同じ計算をすると、日本の大手企業であるパナソニックの生産性は300万円、日立製作所は311万円です。

がんばらず、不要なものは捨てて効率よく働いて、４倍もの生産性。
「捨てる」は、これほどの生産性を実現するための、カギとなるものにほかなりません。
不要な仕事を捨て、やるべき仕事にフォーカスできれば、誰でもグーグルのように「世界にインパクトを与える」仕事ができるのです。

「フロー」で課題解決能力は４倍に

そもそも、ただ楽になっただけでは「つまらない」上に、仕事に集中できず、したがって、生産性も発揮できません。

先ほど、グーグルで働く人たちはがんばらないのに生産性が高いと言いました。どうしたらそんなことができるのでしょうか。

１つの答えは、ごくシンプルに「集中しているから」です。

心理学でいう**「フロー状態」**をご存知でしょうか。趣味でも仕事でも、時間を忘れてしまうほど何かに没頭しているときに、しばしば生じる精神状態のことです。

フロー状態に入ると、最高のパフォーマンスを発揮できると同時に、心にも余裕ができ、充実を感じられます。どんな難しい課題も解決できるという自信が生まれます。

同じことはビジネスパーソンにも起こります。職場に「あの人はいつでもエネルギッシュに動き回っていて、まるで疲れ知らずだ」と感心してしまうような人がいませんか？その人は、フロー状態に入っている可能性が高いといえます。

フローにどれほどの効果があるかというと、フローを研究しているシンギュラリティ・ユニバーシティの Flow Genome Project は、次のように発表しています。

- 創造性・課題解決能力が4倍になる
- 新しいスキルの学習スピードが2倍になる
- モチベーションを高める5つの脳内物質（ノルアドレナリン、ドーパミン、エンドルフィン、アナンダミド、オキシトシン）が放出される
- 痛みや疲労を感じなくなる

これほどに、フローの威力は絶大です。

しかも、誰でも望めばフロー状態に入ることができるのです。

これを仕事に応用できれば、疲れずに短時間で、高いアウトプットを得られるのは間違いありません。

ただし、フロー状態に入るにはいくつかの条件が整う必要があります。

みなさんも、経験的に「そんなに長い時間、集中できるのかな……」と感じているのではないでしょうか。

Flow Genome Projectのスティーブン・コトラー教授によると、現実的には、平均的なビジネスパーソンだと8時間労働のうち30分、つまり1日のうち5％しかフロー状態に入れないと言われています。それ以外の時間は集中できず、なんだかダラダラしてしまうというわけです。

裏を返せば、**フロー状態に入る時間が長くなるよう、意識的に集中力をコントロールできれば、生産性をアップさせる効果が大きい**ということになります。前出のスティーブン・コトラー教授も、「1日のうち1時間半程度でもフロー状態に入れたら、生産性は2倍になる」と述べています。

では、どうしたらフロー状態に入れるのでしょう？

詳しくは前著『Ｇｏｏｇｌｅ流 疲れない働き方』（ＳＢクリエイティブ）を参照いただくか、僕が経営する会社に世羅というフローコンサルタントがいるので、ご興味がある方は弊社ホームページまでお問い合わせください。


「捨てる」というキーワードに絡めて、ぜひ紹介したいポイントがあります。

１つは、仕事の難易度（チャレンジの有無）とスキルとのバランスです。

ベストなバランスは、「少し手を伸ばせば届く」ぐらいの、高めの目標設定です。

スキルが高い人が楽な仕事ばかりしていても、集中力は高まりません。もっというと、退屈で、苦痛です。フロー状態にはなれません。

反対に、スキルがないのに難度が高い仕事をすると「失敗するのではないか」という恐怖を感じます。ここでもフロー状態には入れません。

ほかにも、ハイリスク・ハイリターンの仕事に挑戦する、ルーティンの仕事ばかりでなく、新しくて予想がつかない仕事や複雑な仕事をする、などのポイントがあります。

いずれにせよ、「楽」であることが集中力の妨げになるということがわかると思います。

難易度とスキルのバランス

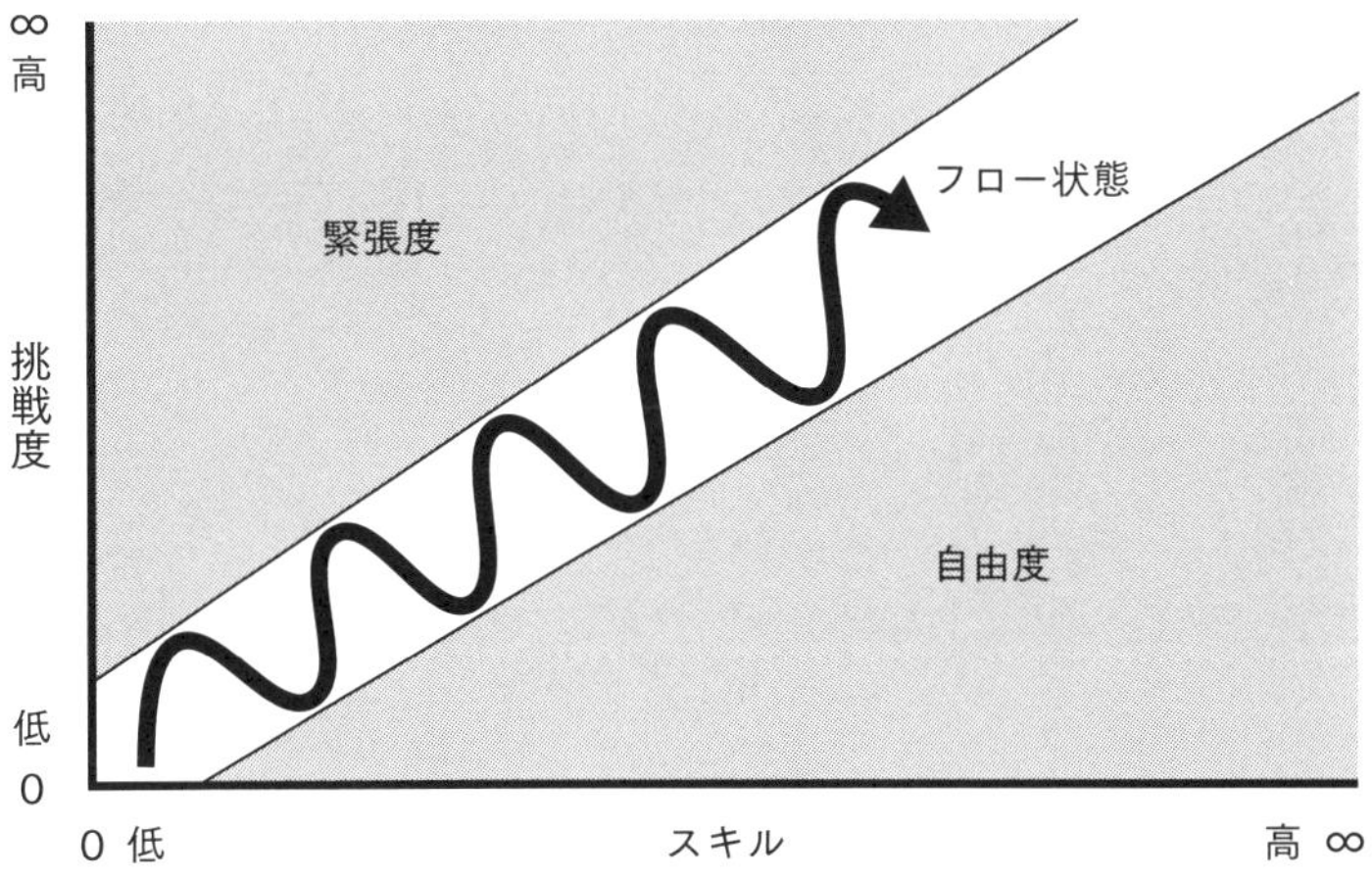

© プロノイア・グループ

理想は「忙しいけれど仕事を楽しんでいる状態」をつくることです。あるいは、忙しいけれど学んでいる、忙しいけれど好奇心をもって仕事をしている状態をつくることです。

こうしたバランスのとれた状態をつくると、フロー状態に入りやすくなります。仕事に集中し、高いパフォーマンスを発揮すると同時に、仕事を楽しみ、仕事を通じて自己実現できているという感覚を得られるのです。

余計な仕事を「捨てる」のは、こうしたバランスのいい状態をつくるためのファーストステップだと考えてください。「がんばる」とはベクトルが違うことがご理解頂けると思います。

作業をこなすより「ミッション」を

「がんばる」のではなく、まずは楽になり余裕をつくること。それから仕事内容を見直し、自分にとってより価値の高い仕事にフォーカスできるようにすることが大切なのです。

捨てることで頭の余裕が生まれたら、次に浮上してくる課題は、具体的にどんな仕事にフォーカスするべきか、です。

僕はというと、**「他の誰かができる仕事をがんばる」を捨てて「自分にしかできない仕事」や、学びが多い仕事に集中する**という方針をとっています。

自分の仕事を、インパクトの大小と学びの大きさでマトリクスにし、次のように分類しています（詳しくは2章を参照）。

①インパクトが大きく、学びも多い仕事
②インパクトは大きいが、学びは少ない仕事
③インパクトは小さいが、学びは多い仕事
④インパクトが小さく、学びも少ない仕事

このうち、④は極力捨てて、そこで節約できた時間を利用して①を増やしていく、というイメージです。

結果として、僕の生産性はどのぐらい変わったかというと、おおよそ「60倍」です。これは、僕が2015年にグーグルから独立して間もない頃の1時間分の報酬と、これまで頂いた報酬の最高額を比べた数字です。

「捨てる」効果で、60倍。
既存の仕事を捨てない限りは、これほどのインパクトは望めなかったと断言できます。

さらには、こうした仕事の1つ1つが、自己実現につながるのが理想的です。

というのも、仕事で大きなアウトプットを出し、それが会社から評価されるだけでは、仕事の意義が感じられないし、疲れてしまいます。

そこで、自分の価値観や強み、弱みを知り、仕事を通じて何を実現したいのか、何をもたらしたいのかというミッションが、必要になってくるのです。

例えば僕にとってのミッションは、人の自己実現をお手伝いし、誰もが自己実現できる世界をつくることです。また、こうした仕事を通じて社会的にインパクトを与え、自己成長が得られることに、重きを置いています。

命じられたことをただがんばるのではなく、まずミッションがあり、だからやりたい仕事があり、そのために会社という環境を使う。こういう働き方をする人が、もっと増えることを僕は願っています。会社に命じられるがままに仕事をがんばるだけでは、生産性アップには限界があるからです。

いま経産省は、働き方改革や、「プレミアムフライデー」などの施策を通じて、従業員の退社時間を早めるよう企業に呼びかけています。しかし「早く家に帰っても何をしたらいいかわからない」と嘆く人が多いといいます。

これは、ほんとうに皮肉なことです。誰もが時間的なゆとりのある生活を望んでいながら「残業ゼロでも趣味ゼロ」では、空いた時間の使い道がないというわけです。

はては「フラリーマン」という言葉まで登場しました。

早く帰れば家族に「もっと働いて、稼いできて」といわれるからと、まっすぐ帰宅せず、新橋あたりをフラフラしているサラリーマンのことです。

「早く家に帰ると妻に家事をやらされる」と、山手線をグルグル回っている人の話を聞いたこともあります。

自分にとってのミッションを明らかにしておかないと、どんなに余裕ができても、退屈な時間が待っているだけ。それは誰も望んではいないと思います。

自分が本当にやりたいこと、あるいは自分にしかできないこと。「捨てる」ことの本当の狙いは、そこに時間を集中させることにあります。

僕の会社のメンバーもそれぞれ自分のミッションを持ち、日々メンバー間で共有し議論しています。

ミッションは、会社から与えてもらえるものではないのです。それは、自分自身の責任で、見つけるしかありません。

自分の人生に責任を持てるのは、自分だけです。

会社に命じられたことを一生懸命こなして「がんばっている」だけでは、10年、20年があっという間に過ぎていきます。

それは会社都合のキャリアを歩んでいるだけ。自己実現からは、どんどん離れていきます。30代、40代になっても「やりたいことが見つからない」という人が少なからずいるのは、そのせいです。

少しでも新しい価値を生み出し、世界にインパクトが与えられるような仕事に向かってほしいと、僕は思います。そのような自己実現につながる人生を、自らつかむのです。そ

インパクトと学びのマトリクス

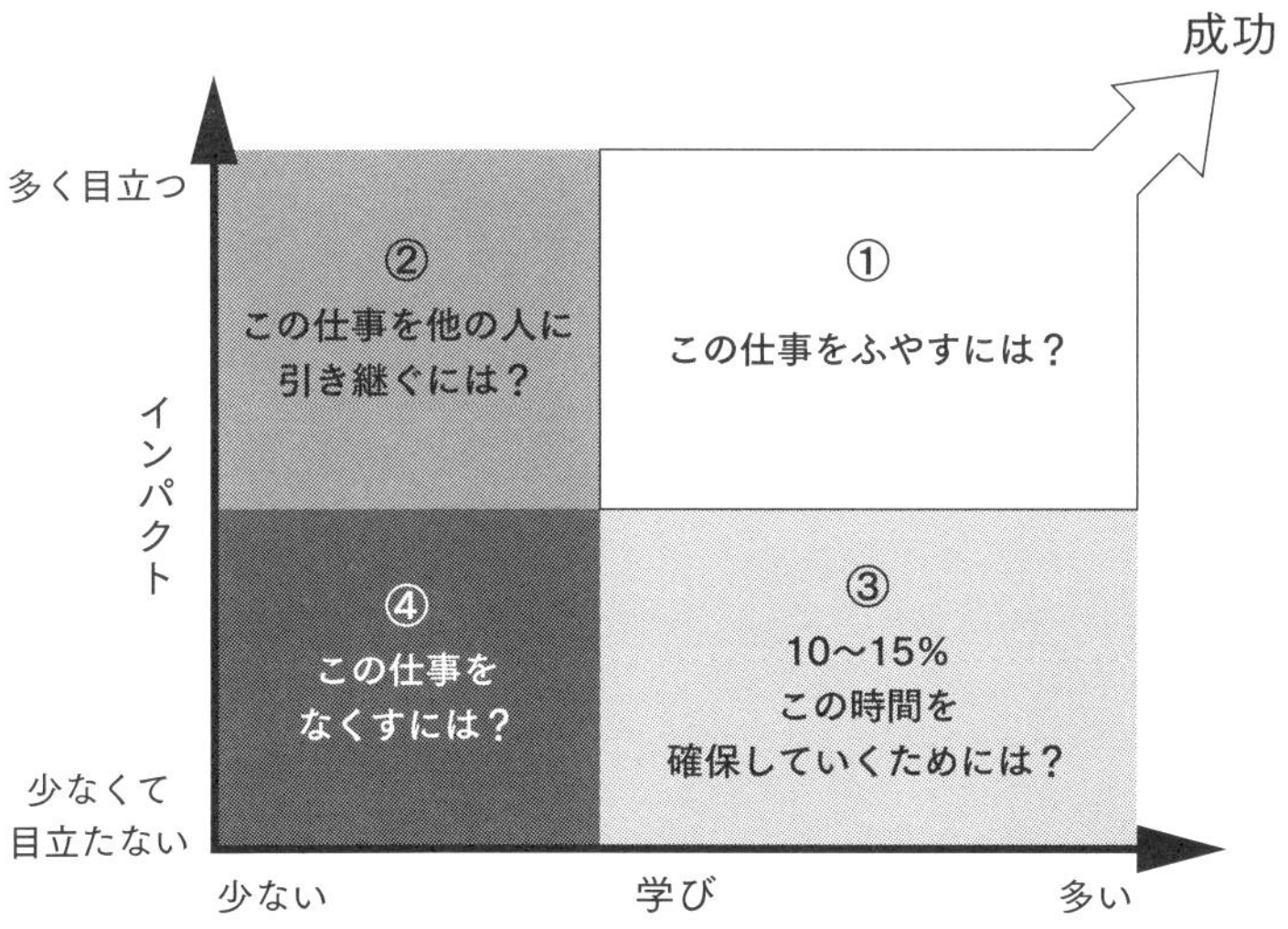

© プロノイア・グループ

れが、これからの時代をつくるニューエリートの姿です。

僕自身のミッションは、こんなふうに人の自己実現のお手伝いをすることです。

あなたのミッションは、人生の目標は、いったい何でしょうか?

「上司に仕事を振られたら反射的にがんばる」をやめよう

といっても、焦らなくても大丈夫です。まずは、捨てて楽になり、生産性を高めると同時に、頭のなかに余裕をつくりましょう。

余裕がないと、ミッションを考えることもできませんから。

ただし、「自分のミッションは何だろう？」という問いだけは忘れずに、いつも胸に留めておいてください。

某電機メーカー大手の若手社員が、新しいチャレンジをしたいと申し出たら、上司にこう言われたそうです。

「誰もやったことのないことをやろうとするのは、やめてほしい」

「新しいことにチャレンジしようとするのはあなたの仕事ではないのです。あなたの仕事は、皆がやっていることをやることです」

人間は本来、自ら学ぼうとする動物です。今、学ぶ意欲がなく、成長志向が低いと評価されている人も、かつてはそうではなかったはずです。

しかし残念ながら、日本の大企業に就職すると「学ぶな」「自分のミッションなど考えるな」というプレッシャーにさらされるのです。

どんなに意欲と能力が備わっている優秀な方であっても、毎日毎日、「新しいチャレンジなんてするな」「余計なことは考えなくていいから前例に従うように」と圧力をかけられたら、ミッションのことなど考えなくなるでしょう（もちろん、上司が部下の現時点のスキルや適性を見て、まずは従来のモデルで仕事の基礎をしっかり身につけてほしいという判断をしている場合は、話が別です）。

創意工夫をする余地もなく、許されるのは上司に言われたことに従うだけ。「がんばります」の一言だけ。これではフラリーマンが誕生するのも納得です。

グーグルにはフラリーマンはいなかったと思います。

それどころか、上司自らが部下に手本を見せるかたちで、個人の自己実現を会社が後押しする空気を作り出していました。

面白い取り組みがあるので、ご紹介します。

僕がいた頃、グーグルには**“Sale your soul（自分の魂を売れ）”**という面白い社内キャンペーンがありました。これは「自分はこんなことをやります」と宣言し、社内に寄付を呼びかけるという内容でした。

普通の会社なら、こうしたキャンペーンは現場に近い人たちが動くものですが、グーグルでは管理職が自ら買って出ることになっています。例えば「皆を招いて自宅でバーベキューをします」と言ったり「都内を○○から○○までマラソンで走ります」と言ったりして、応援してくれる人からお金を集めるのです。

僕はというと、その頃とても忙しく、出張続きでした。それでも何か自己表現ができないかと考え、自分の見た目を変えることにし、応援者からヘアカットに行く寄付を集めました。モヒカン刈りにしたのです。僕は昔、パンクロッカーでしたから、キャラクター的にはぴったりだったのです。

もちろん、何でもかんでもチャレンジするべきだ、とは思いません。新しい仕事と既存の仕事のバランスをとることも、ビジネスでは大切なことです。

新しい仕事イコール失敗する確率が高い仕事とも言えます。そのため、新しい仕事に比重を置きすぎると、会社としては事業の継続性に大きなリスクを抱えることになるのです。それは働く人一人ひとりにおいても同様です。

しかし、ビジネスの地盤が固まり、安定収益を見込めるようになってからであれば、チャレンジできる余裕があるはずです。

また、いつまでも慣れきったルーティンの仕事をしていたら刺激がなく、成長する見込みもありません。

あなたが成長するためには、既存の仕事を捨てるという判断が、どこかで生じます。

それに、今の世の中、**やれと言われることを全部こなすのは、現実的に無理です。**

to do リストを作ろうと思えば、無限にリストを増やすことができるでしょう。

でも肝心なのは、組織や自分のプライオリティ（優先順位）がどこにあるのか、ということです。自動化できるものは自動化する。自分がやらなければならないことも、優先順位が高いほうから時間やエネルギーを割けるように取捨選択して、ムダな作業をなくしていく。

そのときに必ず、上司を説得する段階が生じます。

もし、部下が新しい仕事を自発的にやろうとしたら、

「あの仕事はどうしたんだ？」

「なぜ、そんなことをしてるんだ？」

と上司は怒るかもしれません。

しかし怒られることが悪いとは、僕は思わないのです。

例えば、仕事の進捗が遅れていることについて上司がイラッとしても、

「今は別の仕事を優先するべき時だと思います。その理由は○○です。それでも、例の件を急いだほうがよいでしょうか？」

と、きちんと説明できることが大事だと思っています。

むしろ、**圧倒的に仕事ができる人は、上司にさんざん怒られる人であることが多いのです。**

前例がないことをしようとすれば、前例を重んじる組織と軋轢が生じるのは、当然のこ

と。しかし、**圧倒的なアウトプットは、前例のない仕事からしか、生まれません。ひとまず怒られてもいいのです。しかし上司を説得することはできます。**

そこでは、自分が何でもかんでもがんばるのではなく、不要な仕事を捨てることで個人とチームにどんな成果をもたらすことができるのか、説明します。個人の生産性がよくなれば、組織の生産性も上がります。ひいては会社全体にメリットがあるということを、伝えればよいのです。

そうすれば、一度は怒った上司が、あとになって「さんざん怒ったけど、言っていることは納得できた」と応援してくれることも、増えてくるはずです。

自分のミッションに生きるニューエリートたちは皆、そうしています。個人のレベルにおいても、チームのレベルにおいても、捨てるものとフォーカスするものを見誤ってはいけません。

僕自身、独立したばかりの頃と今を比べると、仕事の量も質もまったく違います。独立したばかりの頃は、メンバーは僕1人でしたから、当然1人で抱え込まないといけない仕事がたくさんありました。

でも今は、サポートしてくれる頼もしいチームメンバーに囲まれています。「僕でなくてもいい仕事」はメンバーに任せることもできますし、外部のプロフェッショナルに委託することもできます。おかげで今は、「僕にしかできない仕事」にフォーカスしています。

「仕事＝上司に従うこと」と思い込んでいませんか？

僕の経験上、上司に目をつけられるのもはばからずにチャレンジする人は、女性が多い印象があります。

それは、もしかすると日本において女性の社会的地位が高くないことを反映しているのかもしれません。幸か不幸か「失うものが少ない」ために、思い切ったチャレンジがしやすくなっているのでしょう。

いっぽうの男性はというと、「上司の言うことを聞いてがんばった人が評価される」という、これまで通りの働き方や役割にこだわっているように見受けられます。

新しいことをして、今の立場を失うのが怖い。だから仕事のやり方を見直すことなく、これまで通りひたすらがんばってしまうというわけです。

しかし「がんばる」だけなら、これまで十分に実践してきたはずです。

今以上の成果を望むならば、これからは思い切って「捨てる」こと、上司からの依頼もときには「断って提案する」ということを、学んでほしいと思います。

上司に対して一方的に受け身のスタンスで接するのも、日本人に強い傾向です。いわゆる縦社会、上下関係の感覚が強い文化なのでしょう。

上司―部下のみならず、先生や先輩といった関係であっても、無条件に従おうとします。習いごとなどに顕著ですが、怒鳴られても文句を言わず、尊敬してついていかないといけない。

そろそろ、こうした慣習は捨てたほうがいいと思います。

上司から仕事を頼まれたときも、何のために依頼されているのか、今進めている作業よりも大切なのか、本当に必要なのか、自分がやるべきなのか、ほかの仕事と比べて優先順位は高いのか低いのかなど、確認してからでないと、プロフェッショナルとして貢献することはできないはずです。

現場にいる若手の人たちは特に、上司に言われたことをやらないといけない、嫌でも「がんばって」やらざるを得ないというプレッシャーが強いことでしょう。

しかし、自分に期待されているアウトプットがどんなものか、それが何のためなのか、あるいは上司自身のアウトプットはどんなものなのか、チームの目標は何か等を確認しないままに、「言われたことをやればいい」という姿勢を取り続けるのは、思考停止というものではないでしょうか。

もちろん、頼まれた仕事をあなたが断ろうとすれば、上司としては当然、理由を尋ねてくるでしょう。単に「忙しいから」という答えでは、説得力がありません。

「今こうしたプロジェクトを進めていて、こちらのほうが自分は大きな価値を提供できるし、チームにも組織にも貢献できると思います、だから今はそちらを優先したいのですが、いかがでしょう？」

具体的なワードはそれぞれの職場に応じてアレンジして頂きたいのですが、ここまで説明するのが、上司との建設的な会話というものではないでしょうか。

グーグルをはじめとするグローバル企業では、こうした風通しのよいやり取りは、ごく日常的なものです。

残念ながら日本では、このように反論してくる部下を好まない上司がまだまだ少なくないようです。素直に指示に従わない部下を面倒に思うのか、意見が正しいかどうかに関係なく、意見されるだけで、不機嫌になるのです。

本来あるべきマネジャーの役割を考えてみるべきだと思います。

部下を従わせるのが上司の役割なのか、それとも結果を出すのが役割なのか。答えはいうまでもなく後者です。

マネジャーの役割は、部下が持つ力を最大限に引き出し、チームの業績を上げ、会社に貢献することです。部下を自分の命令に従わせることを優先するあまり、アウトプットを軽視するようでは、本末転倒です。

チームが持つリソースを最大限に活用して成果をあげるのが真のマネジャーだとするなら、新しい仕事を依頼するばかりでなく、部下をより優先度の高い仕事にフォーカスさせるためにも、それ以外の仕事を捨てるよう指導してもいいところです。

僕も日々、この仕事は完全に捨てる、この仕事は自動化する、この仕事は外部にアウトソーシングする、といった指示をチームに対して行っています。

もっとも、仕事を断る部下のほうも、気遣いは必要だと思います。

例えば、上司（課長）とふたりでいる時などに、礼を失しない態度や口調で、

「部長からのお達しなのは承知していますが、いまはこんな理由であちらの仕事に注力したほうが良いのではと思うのですが、課長のお考えはいかがでしょう？」

などと伝えることを何度か続ければ、上司も、

「この部下にはちゃんと考えてから仕事を振らないといけないな。右から左へ流すだけではダメだな」

と気がつくでしょう。

日本企業の上司は、人事権を持たないのに部下の世話を任され、部下のミスの責任を問われ、さらに上からも命令されるというかなり厳しい立場にあります。

そのため残念ながら、課長は部長に言われるまま、右から左に部下に仕事を振る、ということが常態化しています。部下には部下の立場や考えがあるのに、それを考慮する余裕が、課長の側にもないのです。

そこで部下から反論されると、上司は「仕事を増やされた（戻された）」、「自分の権威を軽視された」ように感じ、反論してくる部下を疎ましく思うのではないでしょうか。

しかし上司も、部下からの反論を予期していれば、感じ方が変わるはずです。

大事なのは、上司に意見をするだけではなく、日頃のコミュニケーションを怠らず、「この部下の言うことは的を射ている。適切だ」と思ってもらえるように、「信頼の貯蓄」を増やしておくことです。

これを捨てるのは早計です。決して捨ててはいけません。

同じ職場で働く者としての気遣い、配慮を欠かさないこと。意見するばかりで、日頃の会話やコミュニケーションをしない人がよく思われないのは、日本だけでなく、世界共通だと思います。

新人にも経営者にも「捨てるべき仕事」がある

あなたが今いるポジションにおいて、インパクトが大きくて学びが多い仕事とは、一体どんなものでしょうか。

具体的な中身になると、個人の成長段階によってもまちまちなので、一概には言えません。例えば、経営者と、学校を卒業したばかりの新入社員では、「インパクトが大きくて学びが大きい仕事」の内容は、まったく違います。

例えば、新卒でＩＴ企業に入社したばかりのＡさん（20代）。今は仕事の進め方を覚えるだけで必死です。でもいずれは、チームを率いて「プロジェクトマネジメント」ができるよう、そのための仕事を優先する日がくると思われています。

同じように、マネジャーを務めているＢさん（30代）は、新規事業の企画を立ち上げ、より多くの利益を企業にもたらすことを期待されているかもしれません。

あるいは、さまざまな経験を積んできた部長のCさん（40代）ならば、新しい活躍の場として、子会社の社長というポストに向かうステップもあるでしょう。

いずれにせよ、慣れ親しんだ仕事を捨てなければ、次のステップには進めません。それが生産性を高め、また自身の成長を加速させる道なのです。


言い換えれば、**成長し続ける限り捨て続けるのです。**

それは経営者というポストについても変わりません。

僕も経営者という立場ですが、創業以来さまざまなものを捨ててきました。仕事の内容も大きく変わっています。


参考までに、今の僕にとっての「インパクトが大きくて学びが多い」仕事が何なのか、考えてみたいと思います。

講演会やコンサルティングは、毎日のように行っています。会社にもたらす売上という意味でのインパクトは大きい。毎日、様々な業界、タレントと触れ合っているので、学びも多いです。しかし、長年続けているうちに慣れが生じており、「一番学びが大きい」とまでは断言できません。

そのため最近では、講演会もコンサルティングも、チームのほかのメンバーに任せることが少しずつ増えてきています。任せることによって、僕も新しい価値創造に時間を割くことができ、メンバーも任されることによって「責任」と「オーナーシップ」を持ちます。

僕にとって今一番「インパクトが大きくて学びが多いこと」といえば、「かけ合わせ」です。僕の強みと、誰かの強みをかけ合わせることで、新しい価値を生み出す仕事です。

僕の会社であるプロノイア・グループは「未来創造」というキーワードを掲げて事業を展開しています。その縁で会ったのが、例えば、広島県の教育長の平川理恵さんです。

彼女はリクルート出身。リクルートから企業派遣で米国留学、起業を経て、横浜市の校長先生になりました。そして２０１８年、民間出身の女性として初めて広島県の教育長に就任したという、ユニークな経歴の持ち主です。僕と共通の知人を通じて、「ピョートルさんにぜひ会いたい」とメッセージをくれました。

彼女には「教育を１８０度変えたい」という明確なビジョンがあります。僕も、その実現をお手伝いしたいと考えています。

平川さんと僕とで何ができるのか、今のところさっぱりわかりません。しかし、どのような形であれ、前例のないプロジェクトになることはわかっています。全く違う2人の専門性をかけ合わせれば、とんでもないインパクトを生み出せるかもしれないと、期待しているのです。

実際、僕は教育のことはわからないのですが、広島の未来を創造するために手伝ってくれそうなのは、例えばあんな企業、こんな企業ではという話をしたら、雪だるま式に話が膨らんでいます。

これこそ、僕にしかできない仕事だと、手応えを感じています。

正直に告白すると、僕はどんな仕事でもできるというタイプの人間ではありません。何でも面白がるかわりに、飽きっぽいところがあります。1つの分野の深い知識を得るよりも、さまざまな分野についての**サイクル**、**パターン**、**トレンド**を押さえておけば十分だと考えています。

僕の強みは、各分野のかけ合わせができることです。それぞれの分野に専門家がいます。

詳しい知識が必要なら彼らに任せて、僕はその分、さまざまな専門性の「かけ合わせ」をすることに集中させてもらいます。

そこには**「自分の強み以外は捨てる」**という割り切りがあります。

1人で何でもしようとがんばらなくていいのです。

偉大な発明家として知られるあのエジソンさえ、実態はビジネスマンに近いものでした。エジソンよりも先に他の人が発明したケースがいくつもあるのです。しかしエジソンは、それらを組み合わせて、ビジネスとして成立させたところが偉大でした。

17世紀の画家レンブラントも良い例です。彼の作品の多くは、実は彼の50人以上にも及ぶ弟子たちの手によるもの。まるでプロダクションのように絵画を大量生産し、自分はサインするだけだったといいます。

こうした事実は「捨てる」効用について、貴重な示唆を与えてくれます。

ある作業を捨てるということは、それをしかるべき専門性やスキルを持っている人たちに任せ、自分は自分の強みに特化する、ということでもあります。僕の強みである「かけ合わせ」に集中できるのも、そのほかの仕事を捨てることができているからなのです。

誰にでもできる仕事を捨て、自分にしかできない仕事に注力する。新人であろうと、経営者であろうと、その大方針には変わりありません。

2章

to do をこなそうとがんばっていませんか？

まず「しないこと」をリストアップしよう

「インパクトが大きく学びも多い仕事」に注力する

「to do リスト」といえば一般的に、「目の前にある、今やるべきこと」を列挙するために作成するものです。

to do リストをつくることで、その日のタスクをやり忘れることなく効率よく消化でき、したがって目標達成にも着実に近づいていく。みなさんも、そう考えているのではないでしょうか。

しかし、to do リストには危険な側面があります。

それは「インパクトが小さく、学びも少ない」作業ばかりを書き連ねて、それを「こなそうとがんばってしまう」危険です。

僕がこの本で一番お伝えしたいのは、そのような仕事を「捨てる」ことなのです。それこそ、生産性を5倍、10倍に高め、インパクトの大きい仕事を実現するために欠かせないことだからです。

だから、ズバリいいます。to do リストはもう、捨てましょう。

僕は to do リストをつくることはまずありません。起業家ですから、個人としてもチームとしても、生産性を高め、なおかつインパクト（＝同じ時間で生み出す価値や、社内での評価）が大きくなるよう意識して仕事をしなければなりません。

そのため、「インパクトが小さく、学びも少ない」仕事は、真っ先に to do リストならぬ**「not to do リスト」**入りにして、自分ではやらないと決めています。

1章でも少し触れましたが、自分の仕事を、「インパクトの大小」と、「学びの大きさ」でマトリクスにすると、次のように分類できます。

①インパクトが大きく、学びも多い仕事
②インパクトは大きいが、学びは少ない仕事
③インパクトは小さいが、学びは多い仕事
④インパクトが小さく、学びも少ない仕事

このうち、最優先したいのは当然、①の「インパクトが大きく、学びも多い仕事」です。

端的にいうと、「自分以外にはできない仕事」がこれです。

今の僕でいうなら、1章で触れたように、例えば自分の専門と社外のプロフェッショナルの専門を「かけ合わせて」、これまでにない新しい価値を生み出す仕事かもしれません。

前例がないために、これからどうなるかわからない、未確定の要素がたくさんありますが、成功すれば見返りも特大。そんな仕事です。

具体的には、HRテックのモティファイの立ち上げ、教育事業のTime Leapの立ち上げ、経産省の支援、投資、スタートアップの顧問がそれです。

②の、インパクトが大きくても自分にとって学びが少ない仕事は、その仕事を学びたいと思っているほかの人たちに回していきます。
僕の会社でいえば、講演会やワークショップ、新規事業の立ち上げなどは、以前なら僕が前面に出ていたところですが、今ではほかのメンバーに任せることが増えてきました。

こうすることで僕は①に注力する余裕が生まれました。また、ほかのメンバーの成長を後押しする機会にもなっています。

また、僕は1つ取材を受けるときに、音声をポッドキャストで、動画をユーチューブなどで配信することがあるのですが、これは、一度の取材でより多くの人たちにメッセージを届ける工夫、つまりインパクトを大きくする工夫として行っています。

③の、インパクトは小さいが、学びは多い仕事は、長期的な投資として行うイメージです。

僕の場合だと、たとえば魅力的なスタートアップに関わることや、メディアの取材を受けること、自分の専門以外の領域を勉強すること等です。

すぐにお金にはならないかもしれませんが、仕事の6～7割は将来の土台づくりのためにあてるべきだと僕は考えています。それが未来の①や②の仕事に成長してくれるかもしれないからです。

僕にとっては、語学を学ぶことも③の1つです。

いまでも数カ国語を勉強しています。すぐにビジネスに使えるレベルにはなりませんが、言葉を覚えるほど、たくさんの国の人と交流できますし、新しい国の文化や歴史を学ぶことも、刺激的です（僕の語学の学習方法に関して、詳しくは『リラックスイングリッシュ』をご参照ください）。

残るは、④インパクトが小さく、学びも少ない仕事です。これが、もっとも優先度が低い仕事になります。

④は、言い換えると「僕でなくてもできる」仕事です。誰かがやらないといけないことかもしれませんが、誰でもできる仕事です。メールチェックやスケジューリング、資料づくりなどが典型的です。いわゆる「作業」にあたります。

そして多くの場合、**to do リストに並ぶ「目の前にある、今やるべきこと」、「その日のタスク」は、④に偏ります。**

前出の、新卒でＩＴ企業に入社したＡさん（20代）のように目先の仕事に慣れる段階にある人は、その傾向が強いはずです。

そこが問題なのです。

インパクトが大きい仕事をしたいと願うなら、④は極力、「捨てる」という判断をするべきところです。④を抱え続ける限り、従来の仕事の仕方から抜け出せず、仕事量だけが増えていくことになるでしょう。これだと硬直した「がんばらなきゃ」という思考になりがちなのは、みなさんもよくご存知だと思います。

仮に、誰かがやらないといけない仕事であっても、外部にアウトソーシングしたり、ＩＴで自動化したり、チームの他のメンバーに任せたりと、できるだけ自分以外の人の力を借りることで「捨てる」ことができます。前出の、マネジャーを務めているＢさん（30代）ぐらいになれば、さまざまな策を講じられるはずです。

そうして、**自分の時間が10あるとしたら、これまでの仕事を5で終える。残りの5を、①や②の仕事に振り分けるのです。**

より大事なのは「not to doリスト」

to do リストをつくり、その日にやるべきことを整理することがいけないとは言いません。**しかし同時に「そのタスクは本当に必要か」、疑ってみるべきです。**

繰り返しますが、今の世の中、あれもこれも自分1人で抱え込んでがんばるのは現実的に不可能です。④の仕事を捨てない限りは、to do リストは膨らんでいくばかりです。

生産性を高めようと思うなら、to do リストを増やすよりも、思い切って減らすほうが先決です。そうすれば、①や②の仕事にあてる時間を捻出できるのです。

to do リストを減らすということは、イコール「やらないこと」を増やすことでもあります。**インパクトのある仕事をしたいのなら、to do リストより「not to do リスト」のほうが大切なのです。**

僕にも、not to doリストがあります。いずれも④を捨て、①や②の仕事にフォーカスするために意識していることです。

例えば、メールチェックやスケジューリングは、アシスタントに任せています。to doリストも、つくりません。講演会に必要な資料作りなども、僕はしません。チームのメンバーが担当してくれています。

前出の、部長Cさん（40代）のような例なら、実務のほとんどをこうしてチームのメンバーに任せることも可能でしょう。

また、僕は「服を選ぶ」ということをしません。

毎日同じ黒いシャツを着ると決めています。

片づけコンサルタントの近藤麻理恵さんの本『人生がときめく片づけの魔法』が面白くて何度も読み返しました。近藤さんの本には「捨てる」ヒントがたくさん詰まっています。

例えば、

「クローゼットに詰め込まれているたくさんのシャツも、2年間着ていないなら捨てるか、誰かに寄付すればいい」

とありました。するとクローゼットだけでなく、頭のなかもすっきりするというのです。

僕もそうしました。黒以外のシャツは処分してしまったのです。

おかげで朝起きてから「今日はどの服を着ようか」と迷うことがなくなりました。

僕とは反対に、毎日のおしゃれを楽しみに生きている人もいるでしょう。僕だっておしゃれをして出かける週末もたまにはあります。でも忙しい平日は毎日、着慣れた黒い服をローテーションするだけです(同じシャツを何枚も持っています)。

それで節約できる時間といってもたった数分のことですが、それだけでも、エネルギーや思考を仕事で成果を出すことに向けたいと思っています。新しいアイデアを生み出したり、問題解決をしたりと、もっと費用対効果の高いことに使いたいのです。


このように「何をやらないか」を決めることで頭を整理し、よりインパクトの大きい仕事に打ち込むことができます。

若い頃なら誘われるがまま参加していたさまざまな交流会も、最近ではすっかり行かなくなりました。

といっても、人との出会いは僕の楽しみの1つです。今は、誘われる側ではなく、僕が登壇するイベントに誘う側です。そのほうが、より短時間に、より多くの、しかも僕に興味を持っているとわかっている人と、出会えるからです。

あえて1対1で会うのは、深い対話ができる人、自分に刺激を与えてくれる人に限っています。

グーグル創業者のラリー・ペイジとセルゲイ・ブリンも、スタートアップの聖地シリコンバレーに拠点を置いていながら、他の経営者とほとんど交流しないことで知られています。

「シリコンバレーのスタートアップに投資をする」ことを優先順位の上位に置いているなら、交流したほうがいいに決まっています。しかし彼らにとって、それはもはや意味のあることではないのです。

グーグルが世界を席巻した今となっては「社外活動に熱心になるより、会社に集中したほうが大きな価値を生み出せる」という判断なのです。

メールに「時間のハンドル」を握られないために

「捨てる」効果は劇的なものです。

インパクトが小さく、学びも少ない仕事を捨てることで、空いた時間を使ってより大きな仕事をし、世の中に大きなインパクトを与えることができます。当然、個人や組織にもたらされる利益も大きくなります。

それも、5倍、10倍というサイズで。

それほどの生産性を手に入れるのは、他の方法では不可能です。ちょっとやそっとの工夫では、全く足りません。

仕事の効率化やスピードアップのためのハックなら、すでに多く知られています。書類の書き方や会議の仕方も「こうすればスムーズになる」というコツがあります。キーボードのショートカットを覚えることも、その1つかもしれません。しかし考えてみてほしいのです。

ショートカットをいくら覚えても、仕事が5％、10％速くなることはあっても、5倍、10倍のスピードアップは望めないでしょう。

そこで、思いきって「捨てる」という判断が効いてくるのです。

例えば「メールを捨てる」。いまや誰もが使っているツールでありながら、グーグルではあまりメールが使われていません。そのため、大量のメール処理に時間を浪費することもないのです。

「メールがないと仕事にならない！」という声が聞こえてきそうですが、果たして本当にそうでしょうか。

むしろメールのせいで仕事が煩雑になり、やるべき仕事に手をつけられない、という事態が起きています。

一般的な会社では、ミーティングのあとに誰かが議事録や報告書をまとめ、それをメールで参加者全員に回して確認をとるケースがよくあると思います。

書類作成の作業は打ち合わせが終わりデスクに戻ってから。

メールを送ってからも面倒です。メンバーそれぞれが抱えている仕事もありますし、確認には思いのほか手間取ります。前出の、新卒でＩＴ企業に入社したＡさん（20代）のような若い人たちが、悩まされるところです。

いっぽう、**グーグルでは、そもそも「ミーティング後に書類を作成する」という段取りがありません。ミーティング時に、全作業を終わらせてしまいます。**

仕組みとしてはごく簡単なものです。会議室にスクリーンを用意し、議論中、そこにクラウド上の**グーグルドキュメント**の書面を開いておくだけ。議事録も資料も、全員が同時に書き込んでしまいます。

もちろん完璧にキレイな文面とはいきませんが、文書の骨格は出来上がりますし、全員の意見を盛り込むことが可能です。これでミーティング終了と同時に、資料が出来上がります。

プロジェクトのさまざまな場面で、グーグルドキュメントは活躍します。作成した書類はグーグルドキュメントで即、共有します。修正するときも、各人が勝手に修正を入れ、期限が来たら終了とします。これによって、編集してメールを送ってまた編集、といったやりとりを省くことができ、全員一度に、最新の文書を共有できるわけです。

今の例からわかるように、メールというものは、思いのほか、時間のロスを生んでいます。メールの返信を待つ間は、自分の仕事が止まってしまいます。直接会うか電話をすればその場で話がすむ内容でも、メールやチャットを何度もやりとりしてしまう場面が多いように思うのです。

ミーティングの日程調整をするときなどは、最悪ではないでしょうか。メールで候補日を打診し、それから参加者の空いている日を確認、全員の都合をすり合わせてから決定、などとしている間に、2～3日は平気で過ぎていきます。これは、何も生み出さない、何もインパクトを産まない時間の典型。まっさきに捨てるべきものです。

しかしこの問題も、**グーグルカレンダー**で簡単に解決できます。グーグルカレンダーをメンバーと共有して、それぞれ都合のいい日程を入力してもらうのです。

そもそも「今ちょっといい？」の一言があれば、必要なメンバーを集められる場合も少なくありません。

そこではスケジュール調整という手間そのものが省かれています。

ＩＴ企業というと、なんでもＩＴツールで解決しそうなイメージがあるかもしれませんが、グーグルでは意外にも、4〜5人が集まれる小さなミーティングを頻繁に行っています。そのためにオフィスには、テーブルやカフェテリアといった共同スペースがふんだんに用意されており、どこでも会話ができるように設えてあります。

何回メールをやりとりしても、意思の疎通がうまくいかないことがあります。そういうときは対面のコミュニケーションに勝るものはありません。会ってしまえば問題が先送りされることもなく、その場で解決できるのです。

もっというと、物理的に一カ所に集まらなくても、「今」を共有し、その場で問題解決できる方法があります。たとえば**オンラインチャット**です。その時いる場所はバラバラでも、リアルタイムで打ち合わせをし、その場でぜんぶ解決できます。

ちなみに僕の会社では社内・社外問わずに一番使っているコミュニケーションツールは**フェイスブック**です。

アナログもデジタルも隔てなく、さまざまな方法を駆使することで、メール頼みの非効率な仕事の仕方は根本的に変わります。

他人の人生を生きてはいけない

「朝9時に出社したら、まずはメールチェック」

これまでの習慣で、そんなふうに1日のスケジュールを始めている人は多いのではないでしょうか。

もちろん、即座のメール対応が必要な仕事もあります。でも逆に、お客さんから面倒なメールが入っていて、対応しているうちに次の仕事に支障をきたすといった事態も考えられるのです。自分が優先するアウトプット次第では**「メールチェックしない」**という選択肢も十分ありえます。

同じ営業という仕事をしていても、すぐメールを返事しないといけない案件もあれば、その日じゅうであればいいものも、翌日でもいい場合もあるはずです。

「がんばらない働き方」の根本的なストラテジーは、時間の最小化と、インパクトの最大化です。できるだけ短時間で、できるだけ大きい結果を出せるよう仕事を見直す習慣をつけましょう。

それも毎日のことです。時間の最小化とインパクトの最大化というストラテジーにのっとり、1日の始まりから、捨てられそうなタスクがないか、振り返りましょう。

たとえば、その日訪問を予定している営業先は、「大きな売上が見込めない」「次につながらない」などの理由で、見切りをつけたほうがいい場合もあるかもしれません。

誰かとパワーランチをとるのもいいですが、**それは、わざわざ1対1で会う価値のある相手でしょうか。**

上司への報告ごとも、情報を共有したいだけなら口頭でなくてもメールでいいし、グーグルカレンダーで仕事内容を共有できていて、「何かあれば部下から報告する」体制ができているなら、定期的な報告そのものが不要になります。

大切な打ち合わせがあるなら、どんな準備が必要か。どんな文書をまとめておくべきか、アジェンダにふさわしいものを準備しておきます。

肝心なのは、1日のスケジュールが、自分が決めた優先順位に即したものになっている

かどうかです。意味もなく「メールをすぐ返信する」ことにこだわると、他人の人生を生きることになります。いつまでも、他人の都合で振り回されます。

自分が主導権を握れない仕事は、なにしろ疲れます。

特に日本の場合、クライアントの要求には即答しないといけない、という思い込みが強いようです。結果、メールはすぐに返事を出さないといけない、真夜中の電話にも出ないといけない等、振り回されることになります。

でも、その相手は本当に急いでいるのでしょうか？

他人に振り回されないための簡単なコツは、要求されたときに必ず期限と、内容を聞くことです。

上司から仕事を振られるときと一緒です。何でも「がんばります」で引き受けず、

「いつまでに対応すればよろしいでしょうか」

「どんなものを用意しましょうか」

と確認します。何でも即座に対応してほしいとは、相手も思っていないものです。翌日でも、１週間後でも、いいかもしれません。

グーグルは「持ち帰って検討」しない

「持ち帰って検討します」は、日本で仕事をしていて違和感を覚えることの1つです。というのも、グーグルでは、「その場で解決できる仕事はその場で終わらせる」意識が強いのです。やるなら今。今終わらせれば頭から1つ、タスクを削除できるのです。また次の仕事に向けて、気持ちを切り替えることができます。

ただし、何でもかんでも「今やる」かというと、違います。どのような仕事にも優先順位をつけて、「今」できること、やるべきことを考える、ということです。

「今」という時間の使い方を、大切にするのです。

そう考えると、その場で済ませられる仕事をわざわざ持ち帰るというのは、「今」の使い方として、よいものとはいえません。

テクノロジーによって、「今」できる仕事は、格段に増えています。外出先にいても、オフィスと同等の仕事環境を整えることができます。

「書類を作り直す」作業を例にとるなら、少し前まではオフィスに戻り、デスクトップPCに保存していた書類を修正、プリントアウトし、また持っていくという煩雑な作業が必要でした。でも今なら、クラウドを通じて外出先から書類を修正、コンビニなどでプリントアウトすれば、30分足らずでしょう。

同じように「持ち帰って検討します」も、本当にそうしないといけないのかということになります。

グーグルなら、たとえ客先にいても、オフィスにいる担当者にメッセンジャーで質問する、話し合う、回答を得る、といったやりとりを普通にします。

わざわざ持ち帰る手間など必要ありません。その場で終わらせるほうが何より楽ですし、「この人は仕事が速い」と評価されるでしょう。

大切なのは、今どこまでやるべきか、できるのか、常に考えることです。もちろん、明日まで待てることは、明日やればいいのです。でも、ダラダラと先延ばしにしないこと。そうして、今という時間を最大限に使おうとする態度が、集中力を高めてくれます。

全力を投入すべき「一瞬」がある

ほんの一瞬であっても、そこに意識を集中できれば、必ず結果を出せます。自己実現につながるような働き方ができます。

具体的には、次の3つの瞬間があります。

1つ目は**「相手に反応する瞬間」**です。

人に挨拶されたり、質問されたり、相談されたりしたときのリアクションです。相手はこちらの反応を逃さずキャッチしようと待ち構えています。

期待されている以上のアウトプットを出せるよう、全神経を集中して対応します。

2つ目は**「自分から働きかける瞬間」**です。これは自分から挨拶したり、相談したり、なにかを頼んだりするときです。自分の働きかけ次第で、相手から引き出せる反応はまるで変わってきます。

3つ目は**「上に引き上げる瞬間」**です。これは、「今よりよい状態を目指す」ために働きかけることです。

例えば、朝から眠そうにしている部下がいたら「おはよう」と声をかけるだけではなく、「もしかして、仕事が詰まってる？」と聞いてみる。「実は昨日の夜、クライアントから無理な注文があって……」などと、言いにくい困りごとを打ち明けてくれるかもしれません。

これら3つの瞬間のなかで、どんな行動をとったら最大のインパクトを出せるのか。また、数ある選択肢のなかで、その行動でよかったのか。こうした振り返りを常に行っていると、一瞬で引き出せるインパクトを高められます。

「スプリント」と休養を繰り返す

何をするにしても、優先順位を考えず、降ってきた仕事に対して反射的に動くようだと、「他人に振り回されている」感覚が強くなり、疲労もたまります。

メールや電話にも、いちいち心を動かされない工夫が必要です。そうやって自分の時間をつくるのです。

僕は、集中したい時間帯は、スマホを機内モードにします。その間は電話、メール、メッセージをオフにします。これで他人からの不意の連絡に集中力を乱される心配がなくなります。

スマホを通常モードにしている時間帯であっても、メールやメッセージをチェックする時間を決めています。

四六時中スマホに触っていて、メールにも即レスする人がいますが、返事をもらう側としてはありがたいと思う反面、「自分の人生をあまり大事に考えていないのでは？」というふうに僕は感じます。滅私奉公という言葉があるように、自分を犠牲にしてまで、知らない誰かのために尽くしているように見えるのです。

スマホ1つで世界中の情報にアクセスできる時代は、確かに便利です。でも、誰かに自分の人生をコントロールされることまでは、僕は望んでいません。

第一、それでは疲れてしまい、生産性も落ちてしまいます。仕事をするときは仕事をする。でも休むときは休む。メリハリをつけるようにしたいのです。

グーグルらしい働き方に「SPRINT（スプリント）」があります。マラソンのようにずっと走り続けるのではなく、全力ダッシュと休養を繰り返すものです。仕事に集中する時間と、休息にあてる時間を、意識的につくります。

グーグルにも長時間労働をする社員もいるのですが、一定の期間、集中して働いた後は、しっかり休みをとるのが通例です。

日本人はというと、スプリントの反対、マラソン型が多いようです。仕事のスピードはのんびりしていますが、長時間労働が常態化し、疲れからくる生産性の低下を招いています。

「制限時間を設けて仕事をするか」という質問に対して、「はい」と答える割合は、グローバルエリートが72％であるのに対し、日本人はわずかに33％というデータがあります（『PRESIDENT』2018年1月29日号）。目標タイムを定めず、ダラダラ走っているということです。

しかし、不要な仕事を捨て、生産性を高めようと思うなら、自然とスプリントの発想に近づいていきます。

僕は1日のスケジュールを組むときも、スプリントを意識するようにしています。

1つのことに集中する単位は、90分とします。

それより短い細切れ時間だとまとまったアウトプットが出せませんし、それ以上長くしようとしても、集中力が途切れがちです。

その90分間はメールチェックもしません。ブラウザも、仕事に関係のないページは閉じておきます。

ネットで息抜きを始めると、面白い記事の見出しを見つけてクリック、レコメンドされた記事をまたクリック、広告もクリックと、歯止めが効かなくなります。

抵抗しようとするだけムダです。最初からブラウザを閉じておくことで、防衛します。

資料作成に必要なリサーチなどがあれば、スプリントの前に終わらせておきます。

そして90分間のうちに出したい最低限のアウトプットを決めておきます。90分ごとに小さな締め切りがやってくるイメージです。

ただし、細かい部分に凝り始めると、90分間で終わらせることができません。

プレゼン資料をつくるなら、そのプレゼンを通して訴えたいメッセージはなにか、それによって相手からどんな反応を引き出したいか等、もっとも想像力を必要とする作業を優先します。その後も、「全体の構成を考える」「各ページの文章をまとめる」「データを集めてグラフにする」など、タスクを分解し、それぞれに集中して取りかかります。

90分間のスプリントが終わったら、その度に10〜15分程度の短い休憩をとります。

次のスプリントに向かうため、体力と集中力の回復に当てます。

ときには思い切って休み、ニュートラルに戻す

僕のグーグルカレンダーは、数カ月先まで埋まっています。コンサルや講演会は毎日のようにありますし、そこに夜の会食や地方出張が加わり、週末まで完全に潰れることも珍しくありません。

忙しいか忙しくないかでいうと、明らかに忙しいのです。これでも、来た仕事をぜんぶやっているわけではありません。頭の余裕を確保できるよう取捨選択しています。インパクトが大きく、かつ学びも多い仕事を優先しています。

それでも、忙しくなりすぎ、消耗してしまうことも、時折あります。

大事なのは、そこで「がんばる」という選択をしないことです。疲れをためたままでは、創造的な仕事はできません。

疲れを建設的にマネジメントできないか、考えるのです。

例えば、疲れたときは気持ちを切り替えて、大事な仕事に手をつけず、頭を使わなくてもできる仕事を片付けます。どうせ、疲れているときは大したことはできないのです。だったら、はじめからそのつもりでいたほうがいい。

また「疲れない仕事」の工夫として、自分のエネルギーの方向性や、エネルギーの状態、その時いる場所によって、やる仕事を変えています。

例えば、企画書づくりのような、集中して作業する時間が必要な仕事と、打ち合わせやプレゼンのような人と会う仕事では、使うエネルギーの方向性が違います。これを１日の間に切り替えるのは、エネルギーの使い方として、効率的ではありません。

僕の場合「今日は1日、自宅で〝スプリント〟する日」「きょうは1日、外で人と会う日」と、それぞれの仕事にあった1日をスケジューリングします。

また、エネルギーがポジティブか、ネガティブかでも仕事を変えます。元気でポジティブなときは、集中力が続くので、スプリントの仕事ができます。逆に、疲れていてネガティブなときは、負担の少ない事務的な作業をします。

場所に合わせて仕事をするというのは、移動中にする仕事が典型です。座席に座っていられるなら、パソコンを使う仕事ができます。立っているときはスマホでメールの返信やスケジュールの確認を。混雑時には手を動かさず、ポッドキャストやオーディオブックで勉強します。疲れて何もしたくないときは、つり革につかまったままでも、目を閉じ、瞑想をすることにしています。

思い切った休みをとることもあります。

土日も休めないような時期が終わったら、一切仕事を入れないようにします。1日のタスクを90分単位のスプリントで片付けるのと同じように、数カ月単位のプロジェクトが終わったら休みます。

結果を出したら休むのです。

「きちんと休む」ということが日本人は苦手で、土日も家で仕事をする人が多いようですが、休むのはそこで心身を回復させ、次の仕事で最高のパフォーマンスを発揮するためです。

休暇中はメールは見ない、電話も出ないと決めて、前向きに休みましょう。

２０１８年に僕の兄が急逝したときは、メンタルがずいぶん乱れました。このように仕事にネガティブな影響が出そうなときも休みます。カレンダーをクリアにして「今日は休みます」と宣言して徹底的に休みます。

この、「スプリントで仕事をこなす」「徹底的に休み、仕事から離れる」という繰り返しが、「捨てる」上でも重要な意味を持ちます。

たっぷり休んで、心と体をリフレッシュすると、まるで「脱皮」するように、それまでの自分を脱ぎ捨てる瞬間がやってくることがあります。

僕のイメージでは、**人間は1年に1回、少なくとも1週間はリフレッシュして、新しい自分に生まれ変わる必要がある**と考えています。毎年脱皮を繰り返し、着実に成長していくためです。

僕も、２０１６年に独立して以来、「ビジネスの収益化」「ブランディング」「ビジネスのプラットフォーム作り」「コミュニティ作り」などをテーマとして、仕事に心血を注いできました。

僕なら趣味のダイビングが脱皮のきっかけとなります。外界の情報から遮断され、陸とはまるで異なる海のなかの世界に没頭していると完全に仕事を忘れられます。それは誰にも邪魔されない、自分1人の時間です。

そうして脱皮した後に仕事に戻ると、自分が置かれている状況を俯瞰できるのです。あらためて仕事の面白さや楽しさを感じますし、逆に、実はやりたくないと思っていた仕事や、断ってもいい仕事にも気づきます。これは僕だけはなく一緒に働くメンバーも同じです。

脱皮するには、完全に仕事から離れる必要があります。それができるのは、スプリントの発想で働く人だけ。彼らは不要な仕事を「捨てる」きっかけを、脱皮のたびに作り出しているのです。

メールもカレンダーも人任せでいい

時間の最小化と、インパクトの最大化を図るなら必然的に、雑務は捨てるか、人に任せることになります。

僕はというと、メールチェックもスケジューリングもしません。秘書が代行してくれるからです。チームのメンバー全員が僕のメールアカウントにアクセスできるようにしてあるので、秘書が答えられない問い合わせがきたら、コンサルタントから答えてもらうこともあります。それでもわからない段階になって、ようやく僕のところに回ってきます。

毎週月曜の朝イチには、グーグルカレンダーの1週間分のスケジュールが固まります。

僕はというと、秘書から電話をもらって確認をするだけです。

「水曜日に打ち合わせが入っているけどリスケしたほうがいいんじゃないか」とか「この打ち合わせのアジェンダを明確にして」などと指示をすることもあります。

そうはいってもプラスアルファの作業が発生するのが常なので「スケジュールを全部埋めないでほしい」とは頼んでいるのですが、現実には1カ月ぐらい先までのスケジュールはプランニングされています。

to doリスト自体、僕はつくりません。

グーグルカレンダーに、打ち合わせや講演会、ワークショップなど細かく予定を入れてもらい、それをチームで共有しているだけです。資料作りなどの細かいタスクは、チーム内のメンバーに分散しています。当然、そのとき誰がどんな作業をしているかも、グーグルカレンダー上でチェックできます。

僕が働かなくてもチームが動いてくれるので、管理職としての仕事も少なくてすんでいます。

それができるのは、普段から「○時間以内にアウトプットを出そう」などと目標を定め、トレーニングしているからです。

このぐらいの準備が必要で、このあたりの情報をリサーチしたほうがいいとか、このプレゼンは以前使ったものを流用して30分ぐらいでつくってしまおうとか、このプレゼン資料はいいチャンスだから2人がかりでブレストしながらつくろうとか、そういうことは事前に、1週間ごとに決めて伝えています。

何も知らない人が見たら、社長の僕が一番働いていないように見えるかもしれません。実際、会社からもらう給料は誰よりも低く設定してあります。

でも生産性という意味では、誰よりも高いのは僕、という形になっています。それができるのは、メールチェックやスケジューリングといった作業をチームに任せて、自分は大事なクライアントと会ってコンサルをしたり、コンテンツを考えたりするような仕事にフォーカスできているからです。

10倍の結果をもたらす「ブレイクスルー」を

成果を1割〜2割アップするだけで満足せず、10倍の成果を目指すにはどうしたらいいか。ブレイクスルーとはこのようなアウトプットからの逆算によって、生まれることが多いものです。

例えば、「はじめに」でも少しふれましたが、こんなふうに考えてみるのです。

1カ月の売上を働いた時間で割ると、1時間あたりの生産性が具体的な数字としてわかります。これを5倍、10倍にするにはどうしたらいいでしょう。

営業職のようにフルコミッションで働いている方なら、イメージしやすいかもしれません。

1割〜2割の売上増なら、営業先を増やしたり、労働時間を増やしたり、スピードをアップしたりと、既存の仕事のやり方の延長線上でがんばれば、達成できるかもしれません。

でも、生産性を10倍にするには、既存の営業スタイルでは追いつけないのです。固定観念を破り、なにかを根本的に変える必要があります。

先述のように、グーグルでは、「10x」といって、現状の10倍の成果が出るよう考えることが常に求められています。これは、ブレイクスルーを義務付けられているようなもの。ブレイクスルーのために何が必要で、どんなふうに仕事をするべきか、いつも事業や仕事の仕方を見直しています。

だからグーグルには、現状維持というものがありません。仕事はルーティンにならず、いつも新しい仕事が生まれています。

それでも10倍の成果を達成するのは、並大抵のことではありません。しかし仮に10倍の成果が達成できなくても、そのうちの半分でも達成できれば、5倍の成果になります。そんなふうにして、グーグルは他を圧倒する急成長を遂げてきたのです。

同じような働き方が、誰にでもできます。成果を出した分だけ報酬があがるフルコミッションで働いている営業マンには、すでにこの働き方を取り入れている方も多いでしょう。

ある保険会社に新卒で入社すると、一律月給20万円からスタートすると聞いたことがあります。しかし、やがてフルコミッションに切り替わり、給料がゼロの人と、1カ月で100万～200万も稼いでしまう人とに分かれるのだとか。そんな環境にいたら否応なく、「できるだけ早く、できるだけ大きな金額を売るにはどうすればいいか」、考えるようになります。

さて、10倍の成果を達成するには、それまでの仕事の仕方を打ち破らないといけません。そのとき「捨てる」ということが、有効な選択になります。

一例として、営業用リストをもとに保険を売るケースで考えてみましょう。単純に営業をかける件数を10倍に増やすのは現実的には不可能。そこで違うやり方を考えてみます。

例えば、「20代の女性」に保険を売るのと、「会社経営者」に保険を売るのとでは、期待できる売上がまるで違ってきます。

それがわかっているなら、思い切って、20代女性をターゲットから外したらどうでしょう。会社経営者に絞って営業をかけることで、うまくいけばそれまでの何十倍の売上を手にできる可能性があります。

貴重な営業用リストですが、**「あれもこれも」とがんばって追いかけるのではなく、「この**

ターゲットは追わない」と決める。

それが捨てる、ということです。

もちろん、ただ「捨てる」だけで成果があがるほど話は簡単ではありませんが、「会社経営者をターゲットにする」と決めれば、そのターゲットにあわせて営業スタイルもおのずと明確になり、ムダな動きを省くことができます。

それこそ、会話の仕方も変わるでしょう。

僕は、すべての会話は「営業」行為だと思っています。何らかの価値を相手に提供し、その引き換えに何らかの価値を得る。その一連の行為が会話なのです。

もう少し人間らしい言い方をすると、面白かった、ためになった、勉強になった、リソースを得た等、「この人と話してよかった」と思ってもらえるかどうかが、カギです。

20代の女性の「この人と話してよかった」と、経営者が思う「この人と話してよかった」では、まるで中身が違うはずです。

経営者のような富裕層を相手にするときは、特に「この人と話してよかった」を意識します。彼らはモノでも情報でも、欲しいものは何でもいつでも手に入るポジションにいます。しかし時間は限られている。

そんな人たちが、相手にどんな価値を求めるかというと、例えば、本にも書いていないような鋭い洞察かもしれません。

例えば、

「あなたの会社が抱えている課題は○○です。△△をすれば売上が3倍になります。なぜなら〜」

特に、成功している会社経営者なら、面と向かって誰かにダメ出しされる機会など、まずないでしょう。そこに、

「今のサイクルはそう長くは続かないから、今のうちに次の手を打ったほうがいいのでは?」

と、忌憚のない意見をぶつけるのです。


営業をかける際のアプローチの仕方も、20代の女性と経営者を相手にするときで、同じというわけにはいきません。

経営者となると、アプローチしたくても窓口の担当者どまりで、本人にたどりつかないケースもあるでしょう。電話をしたって、そうはつかまりません。

それでも会いたいとなったら、正攻法では無理です。

例えば、ターゲットとなる経営者がよく訪れるというレストランをあらかじめ調べておく、たまたま「今日レストランにいる」という情報が耳に入れば、急遽、隣のテーブルを予約し、偶然を装って声をかける。ときにはそんな大胆な戦略が必要になってきます。

楽をするほどチャンスは大きくなる

自分の仕事にムダがないか、やらなくてもいい仕事を抱え込んでいないか、疑ってかかる習慣を身につけましょう。そうして、非効率をなくし、大事な仕事にフォーカスをすることが大事です。

ときおり、聞いてもいないのに「きのうは3時間しか眠れていなくて」「夏休みもとれないんだ」などと誇らしげに語り、自分の忙しさやがんばっていることをアピールするのが好きな人がいます。

でもそれは、仕事の意味やインパクトの大きさを考えずに不要な仕事にまで手をつけて、to doリストを一杯にしているだけかもしれません。

例えば、前出のマネジャーBさん（30代）が忙しさアピールをしていたら、「部下に任せればいい仕事を、自分で抱え込んでいるんだろうな」「マネジャーなのに、マネジメントができていないんだな」と予想がつくわけです。

その忙しさが人生の充実につながっているのなら、まわりがとやかくいうことではありませんが、多くの場合、僕の目にはなんだか辛そうに見えます。

言葉は悪いですが、まるで便秘のような顔、何かを我慢して仕事をしているな、と思ってしまいます。

僕だって忙しく働いていますし、ときにはストレスをためることもあります。でも、忙しさアピールとは無縁です。

僕には、心からやりたい仕事がたくさんあります。また、インパクトを出すためには考えなければならないこと、やらなければならないことがたくさんあり、そのために忙しいのです。ときには人との約束に遅れてしまい、ご迷惑をおかけすることもありますが、それも「結果を出すため」です。

忙しさアピールの裏には、「自分は忙しいんだ、がんばってるんだ」と上司の目に届くようアピールすることで、評価してもらおうという魂胆があるのかもしれません。「そこまで必要とされるぐらい、自分は優秀なのだ」というわけです。

でも「捨てる」ことで生産性を高めようと思うなら、いつも忙しそうにしている人よりも、暇そうに見えるのにすごい成果をあげている人のほうが、ずっとカッコいいと思いませんか？

現場レベルのメンバーでいるうちは、それでも忙しさアピールが通用するかもしれません。「よくがんばっているな」と評価してもらえるかもしれません。でも、それがいつまで続くでしょうか。

ポジションが上がっていくにつれ、忙しくすることより、結果そのものを求められるようになることは、避けられません。

前の章で例に出した、新卒でＩＴ企業に入社した20代のＡさんなら忙しそうにするのもわかります。仕事の要領をつかむまでガムシャラにがんばるしかない、という時期は誰にでもあります。

でもマネジャーを務めているＢさん（30代）が、実務であまり忙しそうにしていると、部下の力を引き出すという、マネジャーとしての肝心の働きができないはず。そもそも、周りが声をかけづらいですよね。チームのメンバーに余計な気を遣わせてしまって、生産性アップのブレーキになってしまいがちです。

また、子会社の社長を目指す部長のCさん（40代）も、忙しさの中身が問われてくるでしょう。それが経営者というキャリアにふさわしい忙しさなのか、経営判断の質につながる忙しさなのか、ということです。

いずれにせよ、忙しさ自慢、がんばってるアピールはいりません。非効率な、生産性の低い働き方をしていることが、まわりにバレてしまうだけです。

仕事の仕方を見直すことができず、目の前の忙しさに甘んじているうちは、結果を出したくても出せません。頭を整理し、新しいアイデアを練るための余裕が持てないからです。そこで不要な仕事を捨て、インパクトが大きい仕事に時間を振り向けることで、余裕をつくり楽に仕事をすることと、生産性を高めることを両立できます。

日本企業には「余裕が欲しいなんて甘えだ」「がんばれば余裕も作れる」といった精神論が根強いようです。

ある日、経済誌によく登場する方から仕事の相談を受けたのですが、その方も別れぎわに「がんばります」というので、私はビックリしてしまいました。

「いいえ、がんばらないでください！」

何度も繰り返しますが、「がんばる」のは、ソリューションではありません。

がんばる前に、とりあえず落ちついて、頭を整理してから動いてください。「がんばる」と「頭を整理する」は対照的な概念です。「がんばって頭を整理する」とは言いませんから。

それに、余裕なく働いていると、せっかく目の前に現れたチャンスも、取り逃してしまいます。

こんな話があります。僕は人と人とをつなげるのが好きです。ある大手電機メーカーのDさんがイベントに来てくれたときは、その場にいた某ＩＴ企業の役員Ｅさんに紹介しました。その縁で彼は転職していきました。

それは僕の狙いどおりでした。今Ｄさんがキャリアを積むなら、大手電機メーカーよりその某ＩＴ企業のほうがイケてると思い、意図的に紹介したのです。Ｅさんを紹介すればＤさんにとって大きな学びになるし、転職にもつながるかもしれない。僕もＥさんにＤさんを推薦する気満々でした。

僕が言いたいのは、この例に限らず、チャンスは突然やってくることが多い、ということです。そのときに、仕事に余裕があるかどうかで、その後のキャリアの明暗が分かれる可能性もあります。

イベントに誘われたときも、「ぜひ参加させてください！」と即答できるか、「ちょっと忙しくて……」と断ってしまうかで、人生が大きく変わります。

もちろん参加できない理由は人それぞれあると思います。

しかし、その忙しさが先述の「④インパクトが低い、学びの少ない仕事」のせいだとしたら、後悔するのではないでしょうか。

そういうとき、その仕事を一時的にでも捨てて、イベントに参加するという判断もできるようになっておきたいものです。

恋愛でも同じだと思います。大切な恋人とは毎晩会いたい。けれども仕事をしないわけにもいかない。だからといって「仕方ないから別れよう」とはなりません。「こんな事情があるから、数日は会えない」と説明して、一時的に恋人と距離をとり、仕事に集中する。

考えてみれば、当たり前のことです。「がんばる」ことで解決するような問題ではありません。

3章

“意図のないX《エックス》”をやめよう

アウトプットからの逆算ですべてが決まる

アジェンダのない会議はキャンセルでいい

「写真を一緒にお願いしてもいいですか?」

「ピョートルさん、サインしてください!」

講演会の後で、しばしばそう声をかけてもらいます。とてもうれしいし、もちろんＯＫするのですが、たまに、ちょっともったいないなと思うこともあります(本当にごくたまに、ですが)。

というのは、せっかく僕に興味をもってくださり、講演も聞いてくださったなら、サインや名刺交換の後に、

「講演のここが面白かったです!」

「本を読みました。ここにちょっと疑問があるんですけど」

「一緒にこんなビジネスができませんか?」

といった話をして頂けたら、とてもうれしいですし、またお会いする機会を作れるかもしれません。頂いたご意見は、次の講演や書籍のアイデアに使わせてもらっています。僕も興味ある人の講演を聞いたときには質問をしたりしますから、写真やサイン、名刺交換で終わりというのは、せっかくの機会なのにちょっともったいないかも、と思えてしまうのです(もちろん次の予定や会場の都合などで時間がないときもありますが)。

話は変わりますが、「一度お会いしたいです」「情報交換をしましょう」と言われると、ありがたいと思いながらも、やはり遠慮したくなってしまいます。

人に会うのは大好きですし、どんな人からも学べるところがあると確信しているのですが、それでも、何のための意見交換なのか明確になっていないと、どうしてもモヤモヤした話に終始します。結果的に「会わなければよかった……」と思う経験を何度もしてきました。

一体何のために？　そう思うことがしばしばあるのです。

いっぽう、生産性の高い人は、いつも明確な「目的」を持っています。そのときの課題を

理解して、「どんな答えをいつまでに出したらいいのか」設定したら、そのために全力を投じます。

だから、問題を先延ばしにすることもなければ、集中力が途切れることもありません。すみやかにフロー状態に入れるのです。

要するに、**目的は、今この瞬間に最大のパフォーマンスを発揮するために、なくてはならないものです。**

打ち合わせをする場合も、自分がどんな問題を抱えていて、相手にどんな意見を求めているのか、あらかじめ把握しておく必要があります。

何のために集まるのか、何を決めるのか、どんなアウトプットをしなければならないのか、そこから何を持ち帰るのか。すべてを事前に決めておくので、「なんとなく」集まるということがありません。

こうした条件が揃って、はじめて打ち合わせをする意味が生じます。

僕は、打ち合わせの前日までにアジェンダが決まっていなければ、たとえ社外のミーティングや会議でも、キャンセルしてもらうことにしているぐらいです。

なんてひどい、と言われてしまうかもしれませんが、アジェンダなしでは、僕も事前準備ができず、相手が期待するパフォーマンスを発揮できません。それはお互いに不幸なことではないでしょうか。

「皆が賛成してくれるようにがんばる」はいらない

会議には捨てるべきムダが多く、余計ながんばりが強いられることが多いのも、多くの方が実感としてお持ちだと思います。

そもそも会議のメンバーですら、アウトプットからの逆算で決めるべきです。日本企業の場合、会議というと○○部、○○課といった固定的なチームの単位で行われることが多いようです。

そのせいか「全員参加」という非効率な習慣が残り、ムダが多くてストレスがかかる場面があります。何のために行われているかわからない、決めるべきことが決まらない、沈黙ばかりが多い、まったく発言しない人がいる、といった会議はその典型です。

決めることよりも、とにかく集まることに意義があるという価値観で動いているチームや組織が多いからではないでしょうか。

いっぽうグーグルでは、漫然とした会議は行われません。僕の会社でもそうですが、そもそも、チームは固定されておらず、プロジェクト単位でふさわしいメンバーを集め、プロジェクトが終われば解散します。

すると、ただ話すだけならオンラインでいいところを、忙しいなかわざわざ集まって会議をすることになります。

そこではアウトプット重視のコミュニケーションが、不可欠です。

例えば、前述したようにアジェンダの設定は、会議の鉄則です。

「A社に提案する企画はどうしようか?」などとはいいません。

「A社に提案する企画として、3つの候補を持ってきました。これについて議論したいです」というふうに、話し合うべき具体的な材料を提示し、意見を求めます。こうすることで精度の高い意見が集まるのです。それぞれのメンバーが持つ専門性も、発揮しやすくなります。

逆にいうと、アジェンダの内容によっては、いつもと異なるメンバーに声をかけたり、事前に情報収集してもらうことも必要です。

すべては、アウトプットからの逆算で決まる。

そう考えると、そもそも会議のメンバーが固定であるのがおかしいということがわかるはずです。

冒頭で触れたように、日本では会議というと「全員参加」が基本ですが、これが「何も決まらない会議」の元凶になっています。

特に、明らかに会議に貢献していないメンバーが含まれるのは日本特有です。

彼らは傍観者に過ぎません。ひどいときは何も発言せず、ニコニコ話を聞いているだけです。

いったい何のために？

グーグルであれば、発言しない人＝会議に貢献しない人とみなされ、次の会議には声をかけてもらえないことが多いです。

そもそも、会議に「全員賛成」はあり得ません。そもそも全員が賛成する意見など、最大公約数の意見にはなっても、面白いものにはなりません。

また、本当に全員の賛成をとりつけようと思ったら、時間がいくらあっても足りません。そのぶんのしわ寄せを残業や休日出勤で「がんばる」ことになってしまう。そんなことをするぐらいなら、アウトプットの質を高めることに時間を費やしたほうが、ずっといいです。

すでにトップ企業においては、全員のコンセンサスを取らないかたちのプロジェクトの進め方が常識になっています。

チームが10人いるとしても、求められるアウトプットに必要な情報を持っている人やスキルを持つ人のみを抜擢し、必要最小限の人員で骨格を固めてしまう、というやり方です。そうすることで尖った、人の心を強く揺さぶるアウトプットを生み出すのです。

ほかのメンバーに対しては、なぜそんな進め方をしたのか、後から説明をすればそれでOKです。

情報共有も、議事録や定例のミーティングがあれば事足りるでしょう。

あわせて、各メンバーには「一度決まったことには全力を傾ける」という態度を求めます。

繰り返しますが、どんなに議論を尽くしても全員合意はありえませんし、そこを追求しても時間のムダにしかなりません。だからといって結論を先送りはしません。本当に決まらなければ最後はリーダーが責任をもって決めます。

あとは、メンバー一人ひとりにコミットを求めます。

グーグルには**“Disagree, and commit（賛成せずともコミットする）”**というルールがありました。チームで一度決められたことは、たとえ賛同できなかったとしても全力でやりきる。そんなニュアンスです。

後になって「あの意見にはまったく賛成できないよ」などと言ってチームの足を引っ張るのは、特に歴史が長い大企業にはよくあることのようですが、プロフェッショナルのあり方ではありません。

後になってから「うちのチームの会議、ひどいんです」「全然賛成できない案が採用された」などとブツブツ文句を言う人は、プロフェッショナルとはいえません。

しかも多くの場合、そういう人ほど、会議の席では黙っているのです。決まった仕事もやろうとしなかったり、いい加減にすませようとします。

不満があるなら、なぜ会議の場で発言しないのでしょう？　率直に口にしていれば、会議に対する貴重なフィードバックとして、会議に貢献し、評価されたかもしれないのに。飲み屋でグチっている人を見ると、「ここで文句を言うぐらいなら、上司に直接言ってあげたらどうですか」と言いたくなります（詳しくは『日本人の知らない会議の鉄則』をご参照ください）。

会議の目的は4つしかない

会議の場に、ムダな資料が多いことにも驚きます。

特に日本企業で、社長が同席する会議だと、社長の機嫌をとりたい役員や部長あたりが、「あれもこれも（資料を）用意しろ」「もっと見やすく」、「斬新な色使いを」とうるさいようです。

また、比較的歴史が長い大企業では、会議のための会議、またそのための小会議という複数の会議をやりたがる上層部が多いです。

現場の人間は、そんなもの要らないとわかっているのです。でも上司が見ているのは現場ではなく社長の顔色。ムダになるとわかっていながら、資料を作らせるのです。A案、B案、C案に加えて予備の案、しかも複数……。

僕が働いていたモルガン・スタンレーでは、**「経営トップにプレゼンするなら1枚にまとめなさい」**と教わりました。すぐ提案し、すぐに決められるように、です。アマゾンにも「資料はA4一枚にまとめる」というルールがあるといいます。

とある会社の若手の方が、僕たちに何か依頼したいといって、打ち合わせにプレゼンを用意してくれたことがあります。

「今日のために20枚のスライドをつくりました」。しかもゼロからがんばってつくったというのです。でも大体、スライドは過去のものを使い回せるはず。それを流用して、足りなければ口頭で補足するだけでも十分なのに、なぜがんばってわざわざゼロから20枚もつくるのでしょう。

いずれも「一体何のために？」といいたくなる場面でした。会議の目的が、はっきりしていないのです。

会議の目的には、大きく4種類があると考えています。この4つのどれなのか、答えられるようにしたいものです。

1つ目は**「意思決定」**です。

ある提案について、これを進めるか、NGとするかなど、選択肢のなかから1つの結論に絞り込む作業を行います。「ウェブサイトのデザインをA案にするか、B案にするか、C案にするか」といった会議です。

2つ目は**「アイデア出し」**です。

ブレインストーミングによって、たくさんのアイデアを出し合います。意思決定との違いは、1つの案に絞り込むのではなく、アイデアの数を求めるところです。

3つ目は**「情報共有」**です。

すでに決まったことを共有し、メンバーに納得してもらうための会議です。

ムダなものになりがちなのは、この手の会議です。

情報を共有するだけなら、わざわざ全員集めなくても、グーグルドキュメントに資料をアップすればいいからです。「時間のあるときに見ておいてください」でいい。共有そのものが、特にメンバーの刺激になるものでないなら、クラウド上でシェアしてもらえれば十分というケースが、たくさんあります。

ただし、情報共有の会議そのものが不要とは思いません。「グーグルドキュメントにアップしておきました」だけでは、メンバーの納得感が醸成されないことがあるからです。

例えば、「Aさんの案件でクライアントとの間にこんなトラブルがあった」というとき、当人から直接実体験を話してもらえたら、Aさんの苦しさや問題の深刻さがメンバーに伝わります。共感したほかのメンバーから「あのクライアントは以前からそういう傾向があった」「自分はこんな対処をした」などと、具体的なフィードバックが集まるかもしれません。

これは、実際に会ってシェアする価値がある内容だといえます。

4つ目は**「チームビルディング」**です。

これは人間関係づくりのミーティングです。日本企業には馴染みがないかもしれませんが、外資系企業では珍しくありません。

メンバーどうしの信頼関係を構築することが、仕事上のパフォーマンスを大きく引き上げます。そのために「最近どうですか」とお互いの近況をシェアしたり、ワークショップを一緒にやったりと、チームビルディングのために時間とお金をしっかり使うのです。

会議の席で、よくメンバーに言っているのは「事実と意見と感情を分けて話しましょう」ということです。これができるだけで会議は紛糾しなくなります。

「F社のG部長がひどいんです!（感情）」

「具体的に、G部長は何をしたんですか?」

「こういうプレゼンをしたら、こんな厳しいことを言ってきたんです（事実）」

「このプレゼン、もしかしたらG部長の要望とズレてるんじゃないかな?　例えばここはどう思う?（意見）」

「確かに……（事実）。こんなふうにしたら、よかったかもしれません（意見）」

「今の気持ちはどう?」

「なんだかホッとしました。これで再提案できます」

事実と意見と感情を整理して話すだけで、これだけ結果が変わってきます。

グーグルがやっている「ポジティブな根回し」とは

ただ、よい会議は会議室の外から始まっているとも言えます。

端的にいうと、それは「根回し」です。

これを捨ててはいけません！


根回しというと、日本ではズルいこと、ゴマすり、といったネガティブなイメージがあるかもしれませんが、ここでいう根回しは「議論を生産的にするコミュニケーション」だとして、ポジティブにとらえてください。

グーグルは、ポジティブな根回しをよくやるのです。

オフィスのあちこちで「これどう思う？」「このあたりが問題じゃないか」等、オープンな情報交換が行われています。

コミュニケーションの回数が多いので、誰がどんな意見を持っているかも、だいたい把握できますし、そのなかで「こんな感じで行こうよ」と、ゆるやかな合意形成が進んでいきます。こうして、会議が始まる前からコミュニケーションをとっているので、会議の時間も充実します。

一方、日本企業では、会議室の外でのコミュニケーションが全くないケースがあります。これではお互いが何を考えているか、わかりません。そして根回しというと「今度の会議はA案でいくつもりだから、B案には反対してくれ」等、クローズドな話に終始します。これでは会議が始まっても、生産的なコミュニケーションはできません。

これは実にもったいないことです。

ポジティブな根回しには、多くのメリットがあります。

1つは情報収集です。

例えば、会議にもっていくアイデアを事前にぶつけてみることで、「もっとここが知りたい」「こんなデータがないと説得力がない」等、そこで得られた反応をアイデアに盛り込むことができます。

なかでも、会議の最終的な意思決定者の価値観や判断基準を知ることを、絶対に忘れてはいけません。

2つ目のメリットは、参加者の「心の準備」です。

参加者の立場になってみれば、会議の席で初めて提案を見せられるよりも、事前に情報提供をしてもらったほうが、前向きな評価をしやすくなります。

3つ目は、相手に考える時間をつくってもらうことです。

初めて見せられた案に対してその場で意見を出すというのは、専門家であっても難しいものです。

しかし、会議の前に一度でも見せていたら、会議までの間に、意見を用意してもらえるかもしれません。

「もっとこうしたらよくなるかもしれない」といった、建設的な意見をもらえる可能性も、高くなります。

ちなみに根回しの相手は、意思決定に近いところにいる人間、つまり上司であることが多いものです。

上司からのアドバイスを引き出すにはどうしたらいいか。

この答えはシンプルです。上司が会社から与えられているミッションは、部署やチームの成果を上げることです。それができるアイデアであることを示せれば、上司も協力は惜しまないはずです。

「すぐやる」前にチェックしたいこと

「なるはやで」
「すぐやる」
これも、つい日本人がやってしまっていることの1つです。

もちろん、すぐ行動することを全否定しているわけではありません。それ自体は素晴らしいのですが、目的やゴール（締切）を確認する前に、条件反射的に動いてしまうと良くないのです。未確認の状態で、「がんばるスイッチ」がオンになって突っ走ってしまう。これは百害あって一利なしです。

本来なら仕事を依頼する側の上司が「いつまでにこのぐらいのクオリティで終わらせてほしい」などと、はっきり説明するべきところです。

しかし現実には、その説明を怠る上司が多いようです。

そうなると仕事を頼まれる部下の側は、いちいち確認しなければなりません。そのとき抱えている仕事との優先順位も、上司の判断を仰ぐ必要があります。ところが例により、部下は「がんばります！」と言って丸ごと引き受けてしまうのです。

僕の会社でもこんなことがありました。

あるメンバーの仕事が予定よりも進んでいなかったので、僕は理由を尋ねました。その時期は複数の案件が動いていて特に忙しく、仕事の抜けや漏れが出やすくなっていました。いったん落ち着いて状況を整理したいと思い、何気なく尋ねたのです。

するとそのメンバーは慌てて、

「あした緊急ミーティングを設定して、対策を検討します！」

と言い出しました。どうやら「すぐやりなさい」と僕に叱責されたと感じたようです。

そんなことをしなくても、例えば、

「全部のタスクをこなそうとすると残業続きになるので、作業を減らすか、あるいは作業のプライオリティを検討し直していいですか？」

などと率直な会話をするのが、建設的なやりとりだと思います。

1章でも触れたことですが、「上司に言われたことは絶対にやらないといけない」と思い込んでがんばってしまうのは、とても日本的です。何のために上司がそう言ったのか確認するという発想が、なぜか抜け落ちてしまうのです。

そもそも、職場のコミュニケーション自体が少ないのは困りものです。上司どころか隣の席の人が何を考えて、どんな仕事をしているのかも知らないケースがあります。1日8時間以上、同じ職場で過ごしている仲間なのに、です。

日本企業はまず、上司に対して気楽に意見できる空気をつくるべきだと思います。

グーグルにはそれがあります。そうでないと、仕事が回らないとも言えます。皆がフレックスタイムで働いていますし、働く場所も自由。自宅で働いている人もいれば、カフェで働いている者もいます。普段からコミュニケーションの機会を意図的に増やしておかないと、仕事に支障が出るのです。

また本来、上司に対して気楽に意見できる空気は、上司自らがつくるものです。

グーグルでは毎週金曜日に、TGIFという全社ミーティングがあります（Thanks God,It's Friday）。

そこでは社長や会長が壇上にあがり、会社の方向性や新規事業、新商品について、従業員に説明します。

それだけで終わらず、従業員のほうからも質問ができることがポイントです。ふだんは接することのない経営層に対して「それは間違っていると思います」といった、忌憚のない意見をぶつけることができ、社長も会長もそれに対して丁寧なフィードバックを返します。

こうして、誰でも気楽に質問できる空気を、経営者自らが作り出しているのです。

コミュニケーション不足は、日本人の悪い癖です。

「がんばります！」「すぐやります！」で、コミュニケーションを省略してしまう。わずかな手間を省いたばかりに、パフォーマンスを落としてしまうのです。

がんばって完璧にする前に「プロトタイプ」を！

日常のコミュニケーション不足が招く、非効率な仕事といえば、こんなものがあります。

「頼まれたプレゼン資料、つくってきました」

「えっ！ 3枚で簡単にまとめてほしかったのに、なんで30枚の大作を?! しかも徹夜してまでやるなんて！」

これも「すぐやります」「がんばります」の弊害です。

事前にたった30秒でもいいので、どんな資料をどのぐらいのレベルで作ればいいのか、お互いに確認しておけば、こんなことは起こりません。

僕は、部下の「すぐやります」を避けるために、仕事を任せるときは「プロトタイプを持

ってきてほしい」というふうにお願いしています。

プロトタイプとは試作品のことです。プログラマーの世界では、時間をかけて完成品をつくるのではなく、簡単な試作品を超スピードで形にしてしまう習慣があります。「こんな機能で、こんなデザインで」と口で説明するよりも、プロトタイプをつくってしまうほうが早いケースが多いからです。

またプロトタイプがあれば、仕事を発注した側との意見のすり合わせが簡単で、フィードバックも受けやすくなります。修正をするにも、試作の段階ならば簡単ですし、プログラムが完成した後になってから「どうもイメージと違う、やり直し」ということもありません。

完成品よりも試作品を。こうした仕事の進め方を「プロトタイピング」といいます。

プロトタイピングは、プログラム以外の仕事にも応用ができます。

たとえば、上司に書類作成を頼まれたら、完成を急ぐよりも、「こんな構成で、こんなポイントをまとめるとどうですか？」などと、簡単なドラフトを書いて見せます。

自分が仕事を頼むときも同じです。１週間後に必要な資料を依頼するときであっても、

「プロトタイプでいいから明日、見せてください」などとお願いするのです。

「この3つのポイントを押さえて資料を完成させたいのですが」

「いいと思います。1点、あれを追加してください」

早い段階でこうしたやりとりをして、大きな方向性をすり合わせることができれば、その後は最短最速でゴールまで進められるというわけです。

苦労して完成させた資料についてやり直しを命じることも、まずありません。締め切りギリギリまで粘って完成度をあげるよりも、結果的に早く、クオリティの高い資料が出来上がります。


打ち合わせの準備をするさいも、紙1枚でいいので、早めにアジェンダをまとめておきましょう。

相手もそれに対して意見を用意できます。「当日詳しく話します」とやるよりも、詳しくないものでも「今」あったほうが、時間のムダがなくなるのです。

また当然、プロトタイピングには、**締め切りを確実に守る、という効果もあります。**

締め切りが1週間後の仕事を、当日の朝に仕上げるのでは、上司の確認・修正のための時間がとれません。

前日だって厳しいでしょう。

それよりも、3日前にドラフトを上司に見せてしまいます。1週間後の締め切りであっても、自主的に前倒しにしてプロトタイプを用意し、上司の確認を仰ぎます。

これなら締め切り当日に向けて着実にクオリティが上がっていきますし、「締め切り前日なのに何もできていない！」→「慌ててつくったせいでポイントを外し、全面的に作り直し」などという、最悪の事態を防ぐこともできます。

講演でこの話をすると、多くの方が「今まで、完璧に仕上げてから上司に提出して高評価をもらおうとがんばってしまっていたが、本当にムダが多かった」とお話しになります。

「フィードフォワード」でムダな努力を予防しよう！

日本企業はこれまで、プロトタイピングとは対照的な、「完璧主義」で仕事をしてきました。だからこそストイックにレベルを上げられる、というポジティブな側面も、間違いなくあります。

でも、完璧主義ゆえの非効率も、自覚したほうがいいと思います。

「がんばらないといけない、なるはやで完成させないといけない」と1人で抱え込み、結果として上司のニーズとはかけ離れたアウトプットを出してしまう。それはムダな努力です。

仕事を命じた上司から見たら、「なんで一言確認しなかったの?」と言いたくなるムダがかなり多いのが実態だと思います。

もちろん「確認するのもためらわれる」上司と部下との関係性にも、問題があります。

解決策は、やはりコミュニケーションです。コミュニケーションを省いて、黙って手を動かしてしまうために、あとで非効率な働きを強いられることになるのです。

コミュニケーションといっても、ちょっとしたことです。要するに僕が言いたいのは、焦って着手する前に、「これはどう進めたらいいですか?」と相手に聞いてから動くと、仕事はスムーズに運ぶ、ということです。

これを**「フィードフォワード」**といいます。

フィードバックは「過去の振り返り」のことをいいます。対して、フィードフォワードは、仕事をする前に「こんな問題を解決するために、どうしたらいいか」と、上司などから情報を仕入れることをいいます。

ポイントは、

①具体的に

②私はどこで

③何を変えて

④どうすれば

仕事のレベルが上がりますか。

この4点を押さえれば、よい情報を聞き出すことができます。

「私はこんなふうに仕事を進めようと思うのですが、どうですか」とプロトタイプを示せば、後になって修正作業が発生し、「最初に確認しておけばよかった」と後悔することもありません。

質問される上司のほうも、部下に頼られていると思えば、うれしい気持ちになりこそすれ、面倒には思いません。ひいては上司自身の仕事も楽になるのですから、協力してくれるはずです。

繰り返しになりますが、**上司の側も、フィードフォワードの段階で「完成品よりもプロトタイプ」「絶対に入れてほしい内容はこれ」等、方針をはっきり伝えてほしいものです。**

「この案件のプレゼンが2週間後にあるから、今週中に3枚程度の簡単なスライドをつくってみてくれない？」

「僕はこんな内容がいいと思うんだけど、あなたはどう思う？」

などです。

1人で仕事を抱え込みがちな部下には、「Aさんと2人でやってみて」などと指示するのも効果があります。誰かと相談しながらであれば、アイデアが煮詰まることもありません。

「3枚のドラフトを明日までに作っておいて。それをもとに完成させましょう。Bさんの手が空いているから、アイデア出しを手伝ってもらってください」

こんなふうに依頼できたら、完璧です。

上司を賢くマネジメントするコツ

実は、日本人の完璧主義には、マネジャーの専門性が低いから、という側面があると僕は考えています。

グーグルのマネジャーには、部下と一緒に動くプレイングマネジャーではなく、マネジメントに徹し、業務に関して専門的なアドバイスができる能力が求められていました。

プロトタイピングができるのも、専門性の高いマネジャーであってこそです。そうでなければ、未完成の状態で良し悪しを評価し、部下に指導などできません。

いっぽう、日本企業はプレイングマネジャーが多く、マネジメント自体の専門性が高くありません。そのため完成品を見ないと良し悪しの判断ができず、部下にも完璧主義を求めることになるわけです。

それではなぜ、日本企業のマネジャーは専門性が低いのでしょう。

1つには、日本企業に異動が多いことが影響しています。よくいえば、幅の広い業務を体験できる環境ですが、悪くいえば、不本意な異動が多く、専門性を深められない環境です。異動して数カ月間は勝手がわからないまま仕事をすることになり、まったく成果を出せないことがままあります。

加えて、チームがボトムアップで上司に仕事を教える習慣が、根本的にありません。例えば、経理部から人事部に異動してきたばかりの課長が、満足な仕事ができるわけがありません。それなのに部下たちは「課長、指示してください」と待ち構えています。人事のベテランたちが、新任課長の指示を仰ぐつもりでいるのです。

海外はというと、**“manage your manager”**という言葉があります。管理職をマネジメントしろ、という意味です。管理職としての役割を果たしてくれない困った上司を相手にするときは、部下の側から働きかけて、管理職の仕事をしてもらうのです。

「課長、まずうちのチーム状態を説明させてください」

「困ったことがあれば聞いてください」

などと、チームとして上司を支える態度を示したら、課長はどんなに喜ぶでしょう。「いいチームにめぐりあえた。皆が教えてくれるなら、うまくやれそうだ。自分も皆のためにがんばろう。マネジャーとして成長しよう」

となるはずです。

上司の言葉に唯々諾々と従うばかりでなく、部下も上司に教え、ときには反論する習慣を身につける必要があるのではないでしょうか。

余談になりますが、グーグルも異動は多いのです。しかし日本企業とは事情が違い、従業員にとって不本意な異動はまずありません。

グーグルの異動には2つのタイプがあります。

1つは自発的な異動です。「自分はこういう人材になりたい」という強い思いがあるケースです。

例えば、ダイバーシティ担当が、いきなりビジネスディベロップメント（新規事業開発）に異動するといった不連続な異動も、グーグルなら意外なことではありません。

もう1つは激しい組織変更に伴う異動です。

グーグルではこれが頻繁に起こります。それでもメンバーが混乱したり、不満に思ったりしないのは、組織変更のたびに会社から丁寧な説明があるからです。

「これまでは、こんな組織でこんな結果を求めていたが、今は状況が変わり、こんな組織でこんな結果を求めています。あなたにはこういうポジションを用意しようと思いますが、違うポジションに行きたければ、ここに応募してください」

というコミュニケーションがちゃんとあります。まったく望まないポジションに異動する、ということはないのです。

「問い」のない学びは身につかない

日本人は基本的に勉強熱心だと思います。たくさんのセミナーに参加し、ネットでも日々の情報収集を怠らず、学びを得ようとしています。

でも、一時的にやる気になったりテンションが上ったりするだけで、本当の学びになっているかというと疑問が残ります。なかには「セミナーに参加した」という事実だけで満足している人がいます。

僕のセミナーでは「少なくとも1つは持ち帰り、実践してください。ここで見聞きしたことの全部が学びになるとは思わないでください」と話すようにしています。

どんな知識も、それを実践し、人生に生かしてこそ意味を持ちます。でも見聞きしたことを全部実践しようと思うと、時間がいくらあっても足りません。だから、「少なくとも1つ」といっているのです。

そもそも、そのときの自分が本当に必要としている知識は、そう多くはないと思います。たくさんのセミナーに通うと「成長できた！」という気になるかもしれませんが、あれもこれも取り入れても、全部は血肉になりません。

血肉になるのは、そのとき自分が抱えている課題の解決につながる知識だけです。

僕は昔、人から聞いたことはすべてメモをとっていました。

でも今はとりません。本当に重要で、今の自分が必要としていることなら、メモをとらなくても頭のなかにちゃんと残ります。

裏を返すと、どんな学びも、自分が学びたいことや学ぶ目的を定めてからすると効果的ですし、**目的のない学びは結局身につかないということになります。**

セミナーに行くなら、自分の課題が何なのか問いとして持っていくと、効果的に知識が得られます。そうして、自分の課題に関して最低限の知識が得られたら御の字だと考えるのです。

問いは、具体的であればあるほど、望ましいです。

「ＩＴ業界について知りたい」よりも、

「ＩＴ業界のトレンドとサイクル、パターンを知りたい」、

「どうやったらビジネスで成功するか」よりも、

「あの成功者はどうやってビジネスのヒントを身につけたのか」

「自分と同じ年齢のころ、どんな経験を積んでいたのか。失敗体験や成功体験は」

といった問いのほうが、欲しい情報が手に入りやすくなります。

その道のプロに質問するときも、そのほうが的確な答えが返ってきます。

4章

自分の影響力が上がるネットワーク術

人間関係も意識的に整理しよう

「誰と会うか」を相手に決められていませんか？

ただやみくもにがんばるのではなく、成果につながる仕事か否かをしっかり見極めることが大事だということをここまでお伝えしてきましたが、それは人間関係も同じことだと思っています。

日本にはまだまだ「がんばっていれば評価はついてくるはず」という考え方が根強いですが、本当に成果を大きくするには、人間関係にも意識的な取り組みが必要になります。

作業の効率化には熱心だけど、人間関係には意識が向かないという人を多く見てきましたから、この章では僕の人間関係についての考え方についてお伝えしたいと思います。

誰と一緒にいるかで、仕事も人生も大きく変わります。

だから僕は友人関係も「意識的」につくるようにしています。もっというと、こういう人間関係をつくる、こういう人間関係は遠慮すると決めています。

ありがたいことに、日々新しい出会いに恵まれています。これまでつながりのなかった方々からもＳＮＳなどを通じて毎日たくさんのメッセージを頂いています。僕の本を読んで「ここが勉強になりました」と感想を送ってくださる人もいれば、「今度ぜひ一緒にビジネスを」というお誘いもあります。

頂いたメッセージには、時間のある限り応えようと思っています。既存の人間関係のなかに閉じていたいとはまったく思いません。自分の枠から意識的にはみ出すことで、どんどん人脈を広げ新しい出会いを得たいのです。

実際、ＳＮＳのコミュニティに参加することもありますし、そこで得た人脈から新しい知識を得ることもこれまで何度もありました。自分の成長や学びにとって、人との出会いはなくてはならないものです。

しかし残念なことに、１日は24時間しかありません。

人と会うことに割ける時間は限られています。

特に、これまで面識のなかった方から「ピョートルさんに会ってみたい、お話ししてみたい」と言われると、とてもうれしい反面、どうしても躊躇してしまいます。お互いにどんな価値のあるやりとりができるのか、初対面ではわからないからです。

そんなわけで現在は、私の話を聞きたいという方には、

「まず講演会に来て頂けるとありがたいです」

と返事をするようにしています。

1対1でお会いする時間はとれなくとも、講演会なら1対100の対話ができます。そこなら、どんな方でも来て頂きたいと思っています。

逆にいうと、1対1でお会いするのは、自分と同じ問題意識をもった起業家や、そうでなくても刺激を与えてくれる人、話していて面白い人に限っています。

誰に会うのか、あるいは誰に会わないか。それは全部、自分の「決めるかどうか」の問題なのです。

そう考えると、人間関係に振り回されたり悩みを抱えたりすることは、ほとんどなくなります。

もう少し詳しく、僕が会う人、会わない人を整理してみます。

たとえば、アナログで接する人たちは、大きな影響力のある人か、一緒に何かできる人に限ります。そうでないと1対1で会いません。優れた起業家や各業界のキーマンと話していると、深い対話ができ新しいアイデアが生まれます。

また、一般の方でも、鋭いインサイト、洞察力を持っている人がいます。

1対「数人」ならば会いたい人もいます。一緒に食事をする人、ディスカッションをして学びを深められる人です。

同じように、1対数十人、1対数百人というかたちで会う人もいます。先ほど例に出した、初対面の人はこういう場所に来てもらうことにしています。例えば、講演会やセミナーなどに来てくれる人は、このぐらいのボリュームで存在しています。

もう1つ、別の軸で整理することもできます。

僕の会社では、ビジネスパーソンを次の5つの層に分類しています。

①変革層（ニューエリート。社会に魔法をかけ、変革を起こす影響力を実際に持っている）

②実践層（「こうしたら変わるかな」「やっぱりこうしよう」という実験と工夫を繰り返

し実践している）

③変えたい層（「変えなきゃ」「どうしたら変えられるかな？」と思いつつも実行力と勇気が足りない）

④気づいた層（「このままじゃダメだ」「でもグーグルみたいにはなれないし」などと、課題を自覚しつつも、半ばあきらめていて行動力も低い）

⑤ゆでガエル層（現状で満足していて、変化の必要性に気がついていない）

僕が直接会う時間をつくる相手も、この層を意識しています。なお、「①変革層」のさらに上に「アルケミスト層」（社会を変える層）もあります。

どうしても会いたかった人と会えるチャンスが巡ってきたら、絶対に逃しません。

全部の予定をドタキャンしてでも会いにいきます。かつては、1週間の夏季休暇をキャンセルしてまで、その人との食事会が行われる香港にかけつけたこともあります。

1対1でお会いする約束をとりつけるのは、「アルケミスト層」と「①変革層」の人です。

それ以外の層にいる人たちには、まず、「イベントに来てください」「僕の本を読んでください」などと、お願いしています。

ビジネス上、なぜ自分が呼ばれるのかわからない打ち合わせや、アジェンダが定められていない会議も、遠慮しています。まずはチームのメンバーにお願いして、具体的に僕とどんな話をしたいのか、相手から聞き出してもらいます。

そこで興味を惹かれなければ行きません。

興味を惹かれても、最初は別のメンバーに任せて、僕は必要に応じて出ていくというかたちをとります。

「情報交換も兼ねてお会いしましょう」という申し出もお断りしています。もしかすると仕事につながるかもしれないとわかっていても、そうでなかったらと思うと、「時間をムダにしたくない」という拒否感のほうが強いのです。

自分も人脈も成長する

多くの人には、「とてもドライな人付き合い」だと感じられることでしょう。僕も、その通りだと思います。はっきりいえば、これは人間関係にも優先順位をつけている、ということですから。

しかし僕は、自分の成長と共に人間関係も変化していくほうが自然なことだと思っています。

たくさんの友達がいますが、何年、何十年たっても同じ人と同じような会話をしたいとは思わないのです。

僕は、今の自分のレベルにあったパートナーシップが組める人たちと建設的な話がしたいのです。

人生には段階があります。次の段階に進もうと思うなら、「今誰と付き合ったら自分が成長できるか」、答えは変わるはずです。

僕は10年前、サラリーマンでした。その頃の友人関係は会社の同僚や、同じ業界にいる仲間たちが中心でした。

当時の仲間と今、顔を合わせれば懐かしい気持ちがします。でも今会って話をしたいとは思わないのです。

なかには、10年間同じ会社で同じ仕事をしている知人もいます。会えば「お元気ですか、どうされていますか」と会話はしますが、「じゃあ、今度飲みにいきましょう」とはなりません。

そういった人と飲むよりも、今の僕にはやりたいことがあるのです（もちろん、これは今の僕にとってということだし、ましてビジネスを離れたところでの人間的魅力うんぬんとは全く別の話です）。

「捨てる」もののなかには、人間関係も含まれています。

誰と会い、誰と会わないのか。それを自分の意志で決めないと、いつまでも振り回されることになります。

僕の例でいえば、10年前によく一緒に飲んでいた人のうち、今も付き合いが続いているのは1～2名だけです。

「パーティを開くけど来る？」とか「週末に飲みにいこう」と誘われたとしても、出かけようとは今は思わないでしょう。「あの人とあの人を繋げたら面白いことが起こる」とワクワクしながら「かけ合わせ」をセッティングするほうが楽しくなっているからです。

そうやって人間関係を整理することで、今、面白いと思う人、お互いに刺激になる人と仲良くなる時間を捻出しています。

僕は複数の転職と起業を経験し、だんだんと仕事のレベルが上がったように思います。それにつれて、人間関係の優先順位も変えてきました。

グーグルを辞めて独立してからは、一気に人脈が広がりました。毎日のように新しい人と会っています。

昔から変わらない人より、どんどん変化し成長している人と会うことで、自分も成長したいのです。

名刺交換を、がんばらずに次につなげる方法

イベントに登壇した後に必ず待っているのが、名刺交換タイムです。

みなさん「ピョートルさん、今日はありがとうございます」といってくださるのですが、1つ残念なことがあります。

名刺交換の後で、「次のイベントはいつでしょうか」「今度お話できないでしょうか」等、メッセージを頂く確率は、10％もありません。9割の方とはそれきりの関係です。

僕が不思議でならないのは、せっかく受け取った名刺を活用しない方がこれほどたくさんいる、という事実です。

実際、交換された名刺の61％は活用されず「冬眠状態」にあるというデータも発表されています。名刺のデジタル化を事業とするSansanというスタートアップによる調査です。

多くの人は、受け取った名刺を名刺入れにしまったら、二度と見ないのです。優秀な営

業マンならさっそく売り込みをかけるところでしょうし、そうでなくても次の機会をつくり、人脈を広げていくところでしょう。

でも実際は61％もの名刺が活用されていないのです。それがどれだけ会社にとって機会損失になるか（前述の調査では、経済機会損失は年間１２０億円にものぼると試算されていました）。

時折「○○（有名起業家の名前）さんと名刺交換したことあります！」などと交流の広さを自慢する人がいますが、意図がよくわかりません。名刺を集めるだけでおしまい、そんなウインドウショッピングのような交流は、もうやめにしましょう。

名刺交換に意味がないとは僕は思いません。意図なく名刺交換するのはムダだ、受け取ってそのままにしていたら人脈も広がらない、と言っているだけです。

むしろ名刺は、貴重な資産です。

僕ならば絶対に眠らせません。

僕は、もらった名刺は名刺管理アプリを使ってデジタル化しておきます。

使っているアプリは、**CamCard**。連絡先をデータベース化しておくと、会社のニュースレターや次のイベントの情報などを送るのも簡単です。

フェイスブックなどのSNSでも、つながっておきます。

せっかく名刺交換をしても、そのまま放置しておいたら、相手が自分のことを覚えている可能性は、きわめて低いのです。

でもこうして、**自分から定期的に情報を発信していれば、一度名刺交換をした相手とは、基本的にずっと関係が続きます。**

こうして関係を維持しておいて、はじめて「人脈」として活用できるようになるのです。どんなに偉い人の名刺でも、持っているだけでは意味がない、ということです。

逆にいえば、使い方次第で、頂いた名刺はどんな方のものでも、資産になります。

有名人でなくても、誰も知らない小さな会社の、新入社員の名刺であっても資産なのです。

考えてもみてください。名刺交換から10年後、その人がどんな活躍をしているか、誰にも想像がつきません。もしかしたら起業家として、メルカリに次ぐユニコーン企業を経営しているかもしれないのです。

そんな人の名刺をもらえたのですから、つながりを保ち続けないともったいないと僕は思います。

僕だけがやっていることではないはずです。優秀な営業マンは、上司に命じられたわけでもなく勝手にニュースレターを作成し、付き合いのあるお客さんに情報発信する、ということをよくやります。

「今月は会社でこんなことがありました」

「自分は最近こんなことに興味があります」

そうやって関係を維持し、育てるのです。

そのニュースレターが読まれているかどうか定かではありませんが、少なくともつながりを保てます。相手が成長していくのと同様、自分も成長していけば、読んでくれる可能性も高まる、というものです。

「自分の影響力を上げる」意識を持って動こう！

人脈の広さは、そのまま自分の影響力の強さに繋がります。

特に、自分が中心にいるコミュニティであれば、どんどんやりたいことができるようになっていきます。

2000年代初頭、起業家が自分のメールマガジンを立ち上げる動きがありました。僕もこれに興味を惹かれました。

当時の僕は、ポーランド人と、ポーランド語を勉強している日本人とで、よく飲み会を企画していました。といっても大したものではありません。

「毎週土曜日にこのカフェにいます。ぜひ友達をつれてきてください」

と、メーリングリストに配信しただけです。

でも、これが思わぬ反響を呼びました。毎週20人は集まるようになり、メーリングリストにはあっという間に数百人が登録されました。

別に僕は、そのコミュニティを利用してビジネスを始めようとか、何か思惑があったわけではないのです。ただ、とにかくたくさんの人を集めて、ワイワイ騒ぐのが楽しかったというだけです。でも、ポーランド人だけではなくいろいろな国の人間が来るようになり、面白い出会いがありました。

人脈やコミュニティを育てることで自分の影響力を高めていく。ニューエリートの時代に、それができる個人は、どんどん増えています。

当時の僕はメーリングリストを使いましたが、今ならもっと便利なツールがあります。**フェイスブック**のグループ機能もありますし、**Peatix（ピーティックス）**も使えます。

コミュニティの力はときに、企業をも巻き込むほどに大きくなります。

WeWorkの丸の内オフィスで毎月恒例のイベント（MIRAI FORUM）を開いたときのことです。僕とLinkedIn Japanの社長の対談企画が用意されていた縁で、LinkedIn

がスポンサーになってくれました。

またこれも人のつながりで、NTTコミュニケーションズがすべてのケータリングを提供してくれたのです。おかげで、参加した方から頂いたお金を使わずにすみ、そのお金は次のイベントに再投資できました。コミュニティはますます充実します。

僕がしていることはというと、定期的にイベントを開催するだけです。

それでも参加者が数百人を超えるとスポンサーがつき、ケータリングを無料で提供できるまでにコミュニティが力を持つのです。

クラフトビール「よなよなエール」で知られるヤッホーブルーイングが、ビールを提供してくれたこともありました。

ONE JAPANも、コミュニティの1つの成功例です。

ONE JAPANは大企業の若手有志団体です。パナソニックをはじめとする、富士通やNTTグループといった日本を代表する大企業数十社の若手有志が集まり、大企業に所属する若手社員が挑戦できる土壌を作ること、そして参加団体が協働・共創しながら日本から世界を良くする活動を行うことを主旨とするコミュニティを立ち上げたのです。

その中心にいるのはパナソニックの濱松誠さんという個人です。

彼はもともとパナソニック大阪で働いていたのですが、東京のスタートアップに出向し、やがて組織活性化のための社内有志の会One Panasonicを発足。ついには社外有志も巻き込んで、ONE JAPANを発足させたという経歴の持ち主です。

始まりは個人でも、自分の興味を発信すれば、これほどたくさんの人を巻き込み、社会にインパクトを与える仕事ができるのです。これは「がんばる」とは別の発想からの動きであることがご理解いただけると思います。

きっかけは、とりあえず飲み会から始めて、いろんな面白い人たちに来てもらうだけでも十分です。そこに集まった人たちに「今度は皆さんが面白いと思う人を誘ってください」と頼めば、また数倍の参加者が集まります。

一流の人から一目置かれる質問とは？

人と会うときは、お互いの価値観が合うところはどこなのか、探すようにしています。「この人とは合わないな、話しても面白くないな」と思えば距離をとりますし、「話が合いそうだな」と思えば、意識的に距離を詰めていきます。

ただ、こちらが仲良くなりたいと思っているだけでは、相手に印象が残りません。狙った人とつながりたければ、テイク（もらう）ばかりでなく、ギブ（あげる）を心がける必要もあります。

例えば、その人と会ったら面白いことが起こりそうな人の名前をあげて「よろしければご紹介しますよ」とメールをしたり、相手のことを徹底的に調べて、ビジネスのヒントになりそうな情報を提供したり。

相手にとってメリットになりそうなことを、積極的にギブするのです。そうして、「自分と付き合うとこんなにいいことがあるよ」とわかってもらえたら、相手もこちらに返して

くれることがあります。

どんな基準で人を選ぶのか、そこは人それぞれの価値観によります。

例えば、仕事の付き合いとプライベートの付き合いは一見両立しないような気もしますが、自己啓発のために有益な友情関係もあると思うのです。

自分のビジネスとは無関係でも、自分の話を親身になって聞いてくれ、おかしいと思うところを指摘してくれる誰かでもいいですし、疲れを癒やしてくれる誰かでもいい。そうして、仕事とプライベートのバランスをとり、人生のさまざまな領域において、自分のためになる関係性をつくっていくべきです。

パブリックの顔で参加しているコミュニティもあれば、プライベートの顔で参加するコミュニティも、いろんなものがあっていいのです。そうやって、さまざまな人間関係を深めておけば、いざというとき、きっと助けになります。

人によっては、完全に自己開示できる関係を求めているケースもあるでしょう。例えばプライベートの困りごとを相談したら慰めてもらえる関係です。

自己開示はできないけど会話がすごく刺激的という相手もいることでしょう。

僕はというと、人間関係に求めているのは究極のところ、深い対話です。自分にとって刺激になり、ときには自分自身の生き方に変化が起こるような対話です。

インサイトに優れた人は、想像もしなかった話をしてくれます。

特に、知らない分野の人と会うときは、その分野のサイクル、トレンド、パターンを教えてもらうようにしています。

ファッション分野がよい例です。

ファッションは、常に新しいトレンドが生まれているように見えますが、実は似たようなファッションが繰り返し登場しながら進化しています。

例えば、今は90年代風のファッションが人気ですが、以前も90年代ファッションが流行った時期があります。同じように、70年代ファッションも、80年代ファッションも、定期的に流行ります。その繰り返しが「サイクル」です。

サイクルのなかでそのとき流行っているものが「トレンド」です。常にアンテナを立て、今多くの人が注目している対象をチェックしておく必要があります。

「パターン」とは、いわばビジネスモデルのことです。

ユニクロは、低価格な品を大量生産して自ら小売する「製造小売業」というビジネスモデルで稼いでいます。同じファッション業界でも、ゾゾタウンはＥＣサイトに出店しているブランドから手数料をとる「受託販売」です。在庫リスクを抱えないため、非常に強い収益モデルだといえます。

その分野の一流の人たちは、今のトレンドはこうで、こういうサイクルで動いていて、そこにはこういうパターンがある、という話を端的に説明してくれます。これがありがたいのです。

僕も、知らない分野の人に会うときは、その分野のサイクル、トレンド、パターンをあらかじめ学んでおく努力をしています。

こうすると、同じ話を聞いたとしても、一歩深い質問ができ、信頼関係が構築できます。

もちろん、ちょっと勉強したぐらいでプロの知識レベルにかなうはずがありませんが、**素人でもサイクル、トレンド、パターンを勉強していれば一目置かれ、レベルの高い会話に混ぜてもらえる**ということです。

そもそも、一流の人たちはレベルの高い会話しかしないのです。それについていけないとしても、人と接している間は、相手に価値のあるものを提供しようする努力が、欠かせません。

極論に聞こえるかもしれませんが、それができないなら口を開かなくてもいいとすら思います。

最近は、社員にも「意図なしに口をあけないで」といいます（もちろん、コミュニケーションを円滑にする雑談は大歓迎ですが）。

「会話の一言ひとこと、すべてが営業行為」だと僕は思います。どんな言葉にも意図があり、そこには自分の価値を相手に認めさせるだけのものがあるべきです。

たとえば、講演後にこう言ってくれる人がおもしろい

「会話の一言ひとこと、すべてが営業行為」だと先ほど書きました。

よくいわれることですが、日本企業にムダなコミュニケーションが多いのは否定できません。

例えば、講演会や交流会が終わった後の名刺交換タイムです。「名刺交換させてください」と頼まれて名刺を渡すのですが、そのあと会話が続かない人がいます。いえ、ほとんどそうだといっていいでしょう。

僕のほうから「どんな仕事をなさっているんですか。営業ですか。何を売っているんですか」等と質問しないと話してくれません。後ろに並んでいる人たちとも、同じやりとりをしないといけないのです。

同じことが、名刺交換のたびに起こります。

これはチャンスをみすみす逃しています。目的もなく名刺交換をするなら時間がもったいないです。次につながりません。

僕の本音をいえば、せっかく講演を聞いてくれたのですから、

「こんな話がためになりました」

「1つ質問があるのですが」

等、話題を持ってきてくれるとありがたいのです。

本来は必要ない作業を「がんばる」よりも、こういうことに意識やエネルギーを向けて

頂きたいと思っています。そのほうがはるかに得るものが大きいのですから。

僕は、講師としてたっぷり1時間以上話をした後です。その話を聞いたみなさんなら、僕の考えについて理解を深めてくれているはずです。だからこそ名刺交換を求めてくれるのでしょうし、そもそも僕に興味があったからイベントに来てくれたはずなのです。

でも僕はというと、彼らとは初対面で何も知りません。話してくれないと、何の話をしたかったのか、そもそも何のために僕に名刺を渡しに来たのかわからないままです。

それはちょっと寂しいのです。

毎日のように同じ思いをします。何か1つでも話してくれたら、僕は自分のミッションとして、僕に興味を持ってくれた方の自己実現のお手伝いができるかもしれないのに、それができないのが残念でなりません。

人脈を広げたいと思うなら、会話をして少しでもつながりをつくることから始めましょう。

初対面の人、有名な人、偉い人などを前にすると、緊張して話せなくなる人がいるのもわかります。

僕と名刺交換する人たちも、「ピョートルと何を話せばいいのかな」と考える心の余裕がないだけなのだと思います。ときどき手が震えている人もいます。

僕はというと、相手が誰であろうと、気にせず普段どおりに話すことができます。どんな肩書や地位の人も、結局は自分と同じ人間だと思っています。尊敬することはあってもビビることはありません。

むしろそうやってフラットに接するほど、相手も気持ちよく話してくれることが多いものです。

僕も「本読みました、ここが面白かったです」「ここが疑問でした」など、率直な感想をズバリ聞きたいと思います。

僕が成功者に会いにいくときは、質問をしまくります。

ビジネスを始めたきっかけや、過去の挫折体験、ブレイクスルー体験、現在のミッション、価値観、信念など、根掘り葉掘りインタビューします。

「立ち入ったことを聞いて失礼にあたらないか」と心配する人がいますが、そんなことはありません。

人は、自分に興味をもって話を聞いてくれる相手には、むしろ好意を持つものです。遠慮せず、ここぞとばかりに質問攻めにしてかまわないのです。

そんなふうに何か1つでも、次につながる会話をしてほしいと思います。

そうしたら、また次に会う機会が生まれるかもしれません。それを繰り返していくことで面白い人間関係が育っていきます。

「ピョートルさんの人脈にアクセスできて人生変わりました」と感謝されたこともあります。それを僕は目指しているのです。

もし、名刺交換するとき、ほんとうに何も話すことが思い浮かばなかったら、

「今度連絡させてください」

の一言で立ち去ってもいいと思います。

ただし、その言葉の通り、メール1本でも送ることが大切です。

前にも書きましたが、僕と名刺交換した人のうち、後で連絡をくれるのは1割程度です。

裏を返せば、**メール1本書くだけで、たった1割の中に入れるのです。**

「質の高い雑談」は誰にでもできる!

僕は、初対面の方を相手にするときは意識を集中させ、外見や話し方など、いろんな手がかりから「こういう人かな?」と推測します。

その仮説をもとに話をすると、ほんの数十秒の会話でも、僕が相手にギブできるもの、相手が僕にギブしてくれるものが、わかります。

だから、ちょっとした雑談も、僕は大切にしています。

ただし、「質の高い雑談」を心がけています。一般的に雑談といえば、大した内容はなくても、言葉を交わすことで気持ちを通わせ、相手に親しみを感じさせることが狙いと理解されていますが、雑談の役割は、それだけにはとどまらないのです。

たとえば、名刺交換の際に、こんな会話をしたりします。

「○○社ですか。この前テレビでＣＭを見ましたよ。面白いですよね。会社はどんな狙いであのＣＭを？」

「実は、私たちもよくわからないんです」

「それはもったいないですね」

「そうなんです。うちの会社は社内コミュニケーションがうまくいってなくて……」

ささいな雑談ですが、会社の内情や、社員の人たちの考え方といった情報が集まりました。その情報が、いつか役に立つかもしれません。

雑談のヒントは、すぐ目の前から探してきます。

僕なら、たとえば名前やファッション、話に出てきた単語に、質問を重ねていくような雑談が好きです。

緑の服を着ている女性がやってきたら、

「なんで緑が好きなんですか？」

「いやあ、自然が好きで、エコロジーを意識しているんです」

目の前にある情報から、目の前にない新しい情報を引っ張り出すことができます。

その人の信念や価値観に関わることも知りたい、もっと深い対話がしたいと思って、そうしています。

ただ、こういう場面で自分ばかり質問攻めにすると、相手は戸惑います。ときおり、自分自身の情報も、開示するようにしてください。

「僕もアウトドアが好きで、よく子どもを連れてキャンプするんですよ」

こうして、お互いの共通点がわかると話が弾み、それぞれの価値観やライフスタイルの話まで引き出せるかもしれません。

逆に、何も生まない雑談もあります。

「やっぱりビールは美味しいね」

「ほんとうにそうですね」

これだと、ただのおしゃべりです。あくまでも仕事中の話ですが、僕が「意図なしに口をあけないでください」と言いたくなるのはこういうときです。

ただ大前提として、僕にとって「人と会うこと」は、いつでも学びがあります。そのときのインパクトとしては少ない会話しかできなくても、長い目で見ると大きな価値を生み出すことがある。だから時間の許す限りは、人に会うようにしています。

僕が仕事で会う相手は、いつもアシスタントの方に決めてもらいます。時間が限られているなかで、彼女はスケジューリングを工夫しつつ、「ピョートルはこの人に会う意味があるのか」と、考えてくれるのです。

直接会わなくても相手にギブできそうな場合は、「ピョートルのこの本を読んでください」、「ピョートルよりも、チームのメンバーがお話をしたほうがいいと思います」などと、差配してくれます。

それでも「会わなくてもよかったな……」と思うことが、全くないわけではありません。僕の仕事と領域が似ているから何か協働できるかもしれないというお話を頂いたので会ってみたら、ビジネスというより宗教に近いお話だったり……。ビジネス的に見れば、時間をムダにしただけ。でも「こういう会社もあるんだな」という学びがあっただけでもいいと、僕は考えています。

自分とは違う分野の人であっても、キーマンの話を聞くことは刺激的です。

英語、会計、ITといった、すぐに役立つ実学ばかりでなく、歴史や哲学、美術などのリベラル・アーツの話も、仕事に何かヒントを与えてくれます。

深い専門知識を学ばなくてもいいと思います。でも、ファッションにサイクル、トレンド、パターンがあるように、例えばＩＴ業界にもサイクル、トレンド、パターンがあります。それを知っておくだけでも、クオリティの高い会話ができます。

僕にとって、「インパクトが小さくても学びが大きい」会話の最たるものは、意外に思われるかもしれませんが、保険の営業マンとの会話です。

彼らはＢtoＣでも売り、ＢtoＢでも売り、本当にいろんな人たちと接しています。そのスキルはプロ中のプロです。

僕のように、子供がおらず、１００歳まで長生きしたいわけでもない、ハイリスク・ハイリターンの人生を送っている人間になぜ保険を売ろうとするのだろう？　と思うのですが、営業トークを聞いていると本当に上手で、感心してしまいます。

「こうしてクロージングするんだな」

「こうやって次のアポをとろうとするのか」

など、プロの仕事を学ばせてもらっています。

5章

「インパクト」が大きくなる働き方

「〜しなきゃ」から自由になろう

ステップを踏みたがる日本人

「仕事のモヤモヤがなくなった」
「一歩踏み出すための土台になった」
「やりたいことを始めるためのステップになった」

僕の本の読者が送ってくださった感想の一部です。少しでも多くの人の自己実現に役立てたなら、著者としてうれしく思います。

同時に、こうした感想から思わぬ発見をすることがあります。

例えば、「日本人はステップを必要としている」。ステップ1、2、3と、順番にクリアすればゴールにたどり着けるという学習スタイルを好む、ということです。

米国から講師を呼んでリーダーシップ研修を行ったときには、こんなことがありました。

アメリカ人を相手に教えることに慣れていた講師は、研修が始まって早々に「こんなテーマで話してください」と受講生たちに指示しました。

ところが受講生はキョトンとして、「どんな話をすればいいんですか？」という反応。1、2、3のステップを省いていきなり本題に入ったせいで、戸惑ったようです。

日本人がステップを好む傾向は、「指示に従うことをよしとする」傾向と言い換えてもよさそうです。

正しいプロセスを教えてもらい、その通りに行動することで、安心する。あるいは、そのプロセスから外れることを、不安に思う。

だから、どんなときも、決められた段取りを守ろうとします。そして、決められた段取りを守らないことを、タブー視する……。

こんなこともありました。あるイベントの後、参加者を招いての懇親会を開いたところ、20代の女性Jさんから相談を受けました。

Jさんには高校時代から仲の良い2人の女友達がいました。その2人がたまたま同時期に結婚することになったのですが、2人から揃って「Jちゃんにも幸せになってほしい」

と言われ、じつに不愉快だというのです。

2人が言いたいのは、要するにこういうことです。

結婚は幸せになるためのステップだ。だから私たちは幸せで、結婚していないJちゃんは、仕事はできても諸手をあげて幸せと胸を張れる条件を満たしていない状態だ。だから早く結婚するべきだ。でないといつまでたっても条件を満たせない。

よく考えると、これは相当な「上から発言」です。

「なぜ上から目線で、私のことを幸せではないと一方的に決めつけるのでしょうね。その傲慢さに気づいていないこと、反論しても逆効果なことがよけいに不愉快さを増してしまうのです」

補足しておくと、Jさんはとても頭の切れる、優秀なコンサルタントです。

男性にも同じようなことがありそうです。

仲がよい同期3人のうち、昇進した1人が「お前らも早く昇進して幸せになれよ」と言ったら、2人はムカっとくるでしょう。

「Aのためには B という条件を満たしていないといけない」

「そのためにまずは B をクリアするように、がんばらなければ」

そういう思い込みが、日本人には強いかもしれません。

「〜でなきゃいけない」は昔の仕事観

「〜しないとうまくいかない」という思い込みは、「10 *x*」のようなブレイクスルーを邪魔する最たるものです。

たとえばグーグルでは、生産性向上のため、仕事環境を徹底的に工夫していました。それは日本の大手企業の常識とはだいぶ異なっているようです。

例としてご紹介します。

以前、日本の大手企業でマネジャー育成を担当している方が、グーグルのオフィスに見学にやってきたことがあります。

彼は、僕と対面した瞬間から「えーっ!」という顔をしていました。

彼は50代の男性で、服装はいかにも日本のザ・サラリーマンというスーツ姿。対する僕は、モヒカン刈りで妙なデザインのTシャツを着ていました。僕は元パンクミュージシャンな

ので、ごく自然な格好のつもりだったのですが、彼の目には、まともに働いているように
は見えなかったのかもしれません。

オフィスを案内している間も、彼はずっと怪訝な顔をしていました。

その日、僕のチームが働いているスペースには、たまたま誰もいませんでした。自宅で仕事をしている人もいれば、外出先のカフェにいる人もいました。

グーグルでは、どこで仕事をしていても、期待されているアウトプットを出せるなら会社が文句をつけることはありません。

「みなさんは今どこにいるんですか？」と彼。

「わからないんです」

「えっ、なんでわからないんですか。仕事してないかもしれないじゃないですか」

「いや、仕事はしていますよ」

僕はグーグルカレンダーを見せました。チーム全員のスケジュールを一覧できます。誰が今どこで何をしているか、チェックしようと思えばいつでもチェックできるのです。

「だから、何の心配もいりません。サボってないですよ」

「姿が見えないのに、どうやってマネジメントするんですか？」

「毎週、one on oneミーティングをしていますよ。それに、話したいときにいつでもチャットで声をかけます。『グーグル ハングアウト』をクリックすれば、ビデオ会議もすぐできます」

原則として、メンバー1人ずつと、1週間に1時間ずつ、one on oneミーティングをしていました。それだけ話ができていれば、大体の問題は未然に対処できます。リアルタイムでの相談ごとも、オンラインチャットがあれば十分です。

そもそも僕の部下は、海外数カ国に点在していました。彼らの仕事を間近でチェックなどできるわけがありません。誰もいないオフィスというのは、僕たちにとっては見慣れた日常の風景なのです。

そう説明しても、彼はどうも納得がいかないようでした。「デスクにいない＝仕事していない」という「常識」から抜け出せないのです。

「それじゃ仕事にならないですよ」

「デスクにいることが仕事ですか？」

「そんなことはないですけど、やっぱり上司が仕事を見ていないとダメですよね」

次に僕のデスクを見てもらいました。

立ったまま仕事ができるスタンディングタイプでした。立って仕事をすると脳が活性化するようで、眠くなりません。高さが調整できるようになっていて、座ろうと思ったら座れます。

「なんで立って仕事しているんですか?」と彼。

「僕はこれが楽だし、眠くならないし、運動がわりにもなりますよ」

「でも、座らないと仕事にならないんじゃないですか?」

やはり彼は「〇〇しないと仕事にならない」というバイアスに囚《とら》われていました。

僕には、彼が仕事というものを取り違えているように見えました。彼のイメージのなかでは、「仕事=がんばって、ガマンを重ねてやるべきもの」、あるいは「オフィス=9時から18時まで、上司が部下を、さぼっていないか監視できる場所」、ということなのでしょう。

端的にいって、これは旧時代の仕事観です。

アウトプットから逆算して働き方を決めよう！

新しい時代を生きる私たちに求められているのは、アウトプット。ただそれだけです。優れたアウトプットを出せればどのような環境で働いても問題はありません。家にいてもいい、街に出ていてもいい、海外にいてもいい。

むしろ、優れたアウトプットを出せるよう、職場環境も仕事の進め方も自分にとってのベストを作り上げる責任が、私たちにはあります。「～でないと仕事ではない」というバイアスは、その妨げになります。

「小さなタスクを実行し積み上げていくことで、大きな達成につながる。だからto doリストも細かければ細かいほどいい」

こうした意見があることは、僕も理解しています。それが有効な仕事もあります。

しかしそれは定型作業の多い、プロセス重視の仕事に限られるのではないでしょうか。絶対に忘れてはいけないプロセスがあり、そのすべてをリストアップし、いつまでに何をやるか、明文化しないとゴールにたどり着けない。そういう仕事です。

しかし、私たちが求められる仕事の多くは、そうではありません。保険の営業にしても、「このプロセスを踏まないと営業できない」というものはないでしょう。

「仕事とはこうあるべきだ」というバイアスから抜け出し、もっとも生産性高く仕事ができる環境を、自分の手で作ることが必要です。

例えば、ウェブに面白い記事を書くにしても、「9時から18時まで机に向かっていろ」と言われたらできるわけがありません。

記者は街に出て、普通の人には会えない面白い人たちと毎日交流して、時には夜遅くまでお酒を飲むから、ネタを集められるのです。翌日は昼過ぎまでベッドから起き上がれないかもしれませんが、それで狙い通りのPVを稼ぐ記事を書けるなら、いいのです。つまらない「べき論」に囚われていては、それができません。

そのあたりは、僕が以前働いていたモルガン・スタンレーやグーグルは、恵まれていたと思います。

トレーダーやトレーダーサポートなど、守秘義務にかかわる一部の仕事は自宅に持ち帰ることができませんが、基本的には自宅勤務もＯＫでした。

勤務時間もフレックス。マーケットを見ていない職務であれば、かなり自由に働けました。

強いて言えば「20％ルール」のような働き方がある点で、グーグルのほうがフレキシブルです。

グーグルには、「就業時間の20％を使って好きな仕事をしていい」というルールがありました。

例えば、「３カ月間だけ違うチームで働いてみる」とか、「人材育成チームに営業マンが参加して社内副業する」といった自由な働き方が奨励されています。

ロジカルシンキングよりも「ひらめき」

日本企業が捨てるべき「〜しないといけない」というバイアス。

実は「ロジカルシンキング」もその1つです。

論理か直感かの対比でいうと、ビジネスの場面ではAならばB、BならばCと、「筋道をたて、時間をかけて分析、検討すること」のほうが大切だとされています。

その裏にあるのは、その場の直感は「思いつき」にすぎず、信頼に足るものではないという不信感です。だから、ロジカルシンキングや「論理的に話す」ための本が毎年のようにヒットします(身につけようとがんばった方も多いのではないでしょうか?)。

しかし、ロジカルシンキングが万能であると考えるのは、間違いです。

というのも、ロジカルに考え分析することと、インパクトを与える仕事を発想することは、まったく違う作業だからです。

ロジカルシンキングは、考えをまとめて、誰かに説明するためのツールです。コンサルタントがよく使うフレームワークも、アイデアを説明するためのツールであって、アイデア出しのときには、あまり役に立ちません。

僕は新しいアイデアを発想するときは、むしろ直感に従います。直感がロジカルシンキングによって得られた結論に反するなら、直感を信じます。

インパクトのある仕事は、いつも直感から生まれるのです。

スタートアップの成功者を見ても、マッキンゼーやボストンコンサルティンググループなどの出身者は意外に多くありません。新しい価値を生み出し、世の中にインパクトを与える場面では、コンサルタントのロジカルシンキングよりも、直感やセンス、実行力のほうがはるかに大事ということの証拠だと思います。

「数値データを集めて分析するうちに面白いことを思いつく」ということは、残念ながらまずありません。画期的なアイデアを出すには「ロジカルシンキングを捨てる勇気」が必要です。

アイデアは、いつも「ふとした瞬間」に降りてきます。一流クリエイターの話を聞いても、散歩中やお風呂に入っているときにアイデアを思いつく、という人が多いのです。僕の経験的にも、机の前で長時間がんばってウンウン唸っていても、アイデアは出てきません。

その「ふとした瞬間」を呼び込むには、どうしたらいいのでしょう。

1つには、アイデア出しのヒントになるような、具体的なモノを目の前に用意します。僕はそれを「クルー（clue）」と呼んでいます。本や雑誌の切り抜き、写真、最近気になる広告、夢中になって遊んでいるアプリ、ファッション等、何百という雑多な情報を、目の前のデスクいっぱいに並べます。

アイデア出しは1人ではなく、チームで行います。ルールはありません。皆で自由に、思いつきを出し合うのです。それぞれの言葉が刺激になり、また次の思いつきが生まれます。一見無関係に思えるような思いつき同士が組み合わさって、アイデアが膨らんでいきます。

そこにあるのは、「ひらめき」であって、「ロジック」ではありません。

ロジカルシンキングと同じように、使いみちを誤りがちなのは「分析」です。

例えば、自社の競合になる商品の分析をして、データを集めて、それで新しいものが生み出せるのかというと、そんなことはありません。

日本人で多いのは、何のためかよくわからないままに分析するケースです。細かいところまでよく調べてくれるといつも関心するのですが、そこに結論がありません。「だから何？」と聞かれると、言葉に窮してしまうのです。

本来、何らかのアクションにつなげるために、分析は行われるものです。

がんばって分析しているうちに、分析自体が目的になってしまうのは実にもったいないことだと思いませんか？

じっくり考えるより「直感のスピード」でリードする

ひらめき重視は、アイデア出しの場面だけではありません。この変化の激しい時代には、直感による素早い決断と行動が、大きなアドバンテージになります。

この時代の原則は、**「早く行動した者が大きな成果を手にする」**というもの。そのためにも直感で動いたほうがいいのです。

時間をかけて考えれば、正しい答えにたどり着ける可能性は高くなるのかもしれませんが、迷っている時間がもったいないのです。何のアウトプットも得られません。そのムダな時間を捨てたいのです。

例えば、今の仕事を続けるか、転職するか、起業するかといったキャリアの重要な選択になると時間的ロスが膨らみがちです。

迷っているだけで一歩踏み出せず、何もしないままに時間を浪費してしまうのです。迷いながらでは今の仕事にも集中できないでしょう。

どの選択肢にも１００パーセントの正解もなければ、１００パーセント間違いということもありません。でも、行動しないことがムダであることはわかります。起業するなら起業する、会社員を続けるなら続ける。そこは直感で選び、迷いを断つべきです。

それが間違いだったと思えば、またそこで決断し、方針転換すればいいのです。決断が早いほどにダメージは軽くなります。


僕も「直感で選んで正解だった」ということがよくあります。こういうときの直感とは、ただの思いつきではなく、それまでの経験の積み重ねから出てきたものです。自分がしたいことや、欲しいものというのは、理屈で説明できなくても「これだ」とわかるものではないでしょうか。

こんな音楽が好きで、こんな料理が好きで、好きな人はこんなタイプでと、自分の好みは誰しも直感的にわかります。好きな理由を論理的に説明するのは難しくても、好きなものを選ぶにあたって困ることはないはずです。むしろ直感で選んだほうが、自分の価値観を色濃く反映するものになるようです。

もっとも、何でもかんでも直感で決めろというのは乱暴でしょう。少し待てばより多くの判断情報が集まり、直感で選ぶ対象も変わることがあります。

それでも、悩み続けるわけにはいきません。

そこで必要なのは「締め切り」です。いつまでに結論を出すと決めて、その日が来るまでは大いに悩みます。でも、締め切りが来たらそこで決断を下します。

では、その直感が違っていたらどうすればいいのでしょう？

そもそも、完全な正解なんてないのではないでしょうか。正解か不正解かと考えてしまうと、間違いは避けたいという思いがムクムクとわいてきますが、実際の決断においては、ほとんどのケースはオールオアナッシングではありません。

しかしベストの選択ではなかったと後でわかることもあるでしょう。そうなったら素直に反省して、やり直せばいいのです。

「こんなはずはない」、「自分の決断は正しかったはずだ」などと、間違いを正当化しようとすると、それがまた時間のロスを生むのです。

すぐにやり直せば、時間のロスもなく、ダメージも最小限に食い止められます。

プレゼンから斬新なアイデアが生まれにくい理由

アイデアを出すなら、1人でコツコツ考えるよりも、皆で集まって発想を広げたほうがいいです。

そこで意外にも邪魔になるのが「プレゼン」です。

プレゼン形式の企画会議だと、どうしても、1人でアイデアを出し、1人で資料をつくり、1人で発表することになります。

経営者や顧客などに「説明」することに重きが置かれた会議であればそれでいいのです。しかしアイデアを練る、アイデアを膨らませる段階では、そのようなロジカルな会議はふさわしくありません。

というのも、**発表者が話した内容が1つの「枠」となってしまい、ほかのメンバーの自由な発想の妨げになるからです。結局、プレゼン形式の企画会議では発想を広げられず、**

良し悪しを「評価」する会議になりがちです。

よりよいアイデア、よりインパクトのあるアイデアを出すことが目的なのであれば、プレゼン形式ではなく、「皆で考える」かたちがベターだと思います。

1人ひとりが企画を持ってくるのではなく、テーマだけ決めて人を集めてしまうのです。そうして、雑多な情報を前にいきなり企画会議を始めます。

それも、似たようなタイプの人を集めるのではなく、雑多であるほどいいのです。同じタイプの人間からは、同じタイプのアイデアしか出てこないからです。

ときには、別の部署の人にも積極的に参加してもらいます。別部署と競争するのではなく、「共創」する。たとえ彼らがライバルであろうと、「会社に利益をもたらす」という同じゴールのもとなら、手を組めるはず。

コンペティションから、「コ・クリエイト」へ移行すれば、ぐっと刺激的なアイデアが生まれます。

「働き方改革」で気をつけたいポイント

今、日本で進められている「働き方改革」にも、「〜しないといけない」という空気を色濃く感じます。

僕が心配しているのは、議論が「制度」中心になっていることです。フレックスタイムにしたり、フリーアドレスにしたり、在宅勤務を推奨したりと、さまざまな制度を導入することで労働時間の短縮や生産性の向上、社員満足度アップが望める、という具合です。

しかし働き方改革の本質は、経営改革と生き方改革にあるべきです。

つまり、企業あるいは個人が、何を捨て、何に集中し、どんなアウトプットを社会に提供して、どんな仕事で成長していくのかを、はっきりさせることです。ふさわしい働き方や制度は、そこから逆算するかたちで生まれます。

そうでない制度は、「〜しないといけない」というかたちで、かえって自由を縛るものになる恐れがあります。

ルールの力は、想像するよりもずっと強いものです。

「ルールに書いてあること以外は全部ダメ」と思い込む人が現れます。

街を歩いていても、仲の良さそうな女性グループが、みな同じ服を着ているのを見かけます。なぜ同じ服をと尋ねると「たまたま」と答えるのですが、そんなことはありません。みな言葉にしませんが、例えばAさんとBさんが「最近こんな色が好きだから」というと、Cさん、Dさんも、無意識のうちに同じ色の服を合わせるようになっていきます。

これがいわゆる同調圧力です。

これと同じで働き方も、制度が前面に出てくると、同じ型にハマろうとするプレッシャーが生まれることでしょう。

しかし何度もいうように、その型が、企業あるいは個人にそれぞれ求められているアウトプットにふさわしいかが問題です。

AさんとBさんの脳は違います。Aさんがフレックスタイムの活用で成果をあげたからといって、Bさんが同じように成果をあげられるかというと、それは別問題です。

それなら違う働き方ができるよう、ルールを緩める必要があります。自宅勤務ＯＫとしたら皆が自宅で仕事をするかというと、これもしないでしょう。そもそも自宅に持ち帰りにくい仕事も少なくないし、1人で仕事をするよりもチームのメンバーと一緒のほうが捗る、アイデア出しのためにいつでも隣の人に話しかけられる環境がほしい、という人もいます。

先にもふれましたが、僕の場合は仕事の8割が自宅業務に不向きです。講演会もワークショップも、クライアントのところまで出向く必要があります。フレックスタイム制を会社に導入してはいるものの、夜遅くまで飲みながら仕事の話をして、翌日は朝から地方で講演会というハードなスケジュールで動いていると、コアタイムを守るのは至難です。

働き方改革が想定しているワークスタイルとは、かけ離れているでしょう。

それでも、僕にはこの働き方が合っています。自分がどんな人間で、何をしたいのか、はっきりしていればルールに縛られる生き方から脱することができます。

6章

「心理的安全性」をキープする方法

「本音をいえる」が生産性アップのベースになる

「心理的安全」をつくるコミュニケーション

僕がチームの力を引き出すために意識しているのが、職場の「心理的安全性」です。

心理的安全性とは、組織のメンバーがネガティブなプレッシャーを受けることなく、

「自分は信頼されている」

「必要とされている」

「自分らしくいられる」

と感じられる状態のことです。

あるいは、同僚とお互いに高め合える関係を持ち、建設的な意見の対立が推奨される状態をいいます。

「自分の話をちゃんと聞いてくれる人がいる」

「努力を見てくれている」

「気持ちをわかってくれる」

と信じられると、個々のメンバーは安心して力を発揮してくれるのです。コミュニケーションも活発になり、メンバー同士の信頼も高まります。

逆にいうと、職場の人間関係が悪いと、パフォーマンスが落ちるということです。これは、多くの方が同意することだと思います。


そして、職場の人間関係を強く左右するのが、上司の言葉です。

養命酒製造による「東京で働くビジネスパーソンの疲れの実態に関する調査」（2017年）によれば、東京都で働く20～59歳のビジネスパーソン1000人のうち8割が「疲れている」と回答しました。

その原因のトップが「仕事の人間関係」。また2人に1人が「上司の一言で疲れが倍増した経験あり」と答えたといいます。

以下は、実際に言われたことがあるセリフの例です。

「常識でしょ」

「そんなこともできないの？」

「前にも言ったよね」
「暇そうだね」
こんなことを言われながら働いても、どんなにがんばったって生産性が上がるはずがありません。コミュニケーションが活発になるどころか、部下は「余計なことは口にするまい」とするでしょう。

コミュニケーション不足は、日本人の悪い癖です。「がんばります」「すぐやります」で、コミュニケーションを省略してしまう。そこから問題が発生します。

コミュニケーション不足は、心理的安全性を損なう元凶なのです。

上司の方には「甘やかしていたら仕事にならないだろう！」と反論されるかもしれません。僕自身、1人の上司として部下を注意することがあります。

でも、おそらく言い方が違うのです。

日本企業では、注意1つとっても、一方通行の叱責になりがちです。部下が本音を打ち明けてくれても「グチを言うな」でコミュニケーションを止めてしまう。残念なことです。

僕はよく、フランクに、

「ねえ最近、やる気あるの？」

と聞きます。

部下も、

「あのプロジェクトが面倒くさくて」

「A社の部長が動いてくれなくて」

などと本音を打ち明けてくれます。

話してくれさえすれば、問題解決も難しいものではありません。部下の仕事ぶりに問題があれば、どこが問題か、どうすれば解決するか、上司と部下が一緒に考えていけばいいのです。


「やる気なんてないけど、それを言ったらどんな低評価になるかわかったもんじゃない」

というのが、日本企業の部下たちの気持ちでしょう。

上司も「やる気がないと堂々というなんてとんでもない。社会人としての暗黙のルールさえ知らないヤツだ」と最低の評価を下し、見限るのではないでしょうか。そういう上司の様子を見て、同僚も「あいつはこれで終わりだ」とほくそ笑む。
これでは部下が本音など言えるはずがありません。

しかし、どんなにやる気がある人だって、クレーマーのような異常な取引先に何日もつかまっていたら、やる気がなくなるのは当然ではないでしょうか。それを誰にも言えず、言ったところで理解されないどころか見限られるという環境がどれほどダメージを与えるか。

「人に言える」信頼関係を作っておくことは、きわめて重要なのです。
心理的安全性の高い職場には、やる気がなくなるような事態が発生しているなら正直にそう言える、双方向のコミュニケーションがあります。だから、コミュニケーションの量そのものが多くなり、風通しがよく、話しやすい空気が生まれます。それが一番大事なことです。

僕たちは「何があっても弱音を吐かずに我慢する」ために働いているのではありません。

僕のチームでも「実は今、やる気がないんです」といえる空気づくりを心がけています。

例えば、ほかの仕事を一休みできる移動中に、

「最近一番楽しんでいる仕事は？」

「今週成果があがった仕事は？」

「面倒くさいことある？」

などと確認するようにしています。聞き出した意見は決して否定せず、真正面から受け止めます。


こうして信頼関係をつくっているおかげか、グーグルにいた頃は、部下によく「いたずら」をされました。僕が「神社好き」だということを知っているメンバーが、僕のデスクに「ピヨートル神社」をつくったこともあります。これには笑ってしまいました。

こうやって上司と部下が、悪意のないいたずらやジョークで笑い合えるフラットな職場は、心理的安全性も高いといえます。

「グチが言える職場」をつくる

「グチを言ってはいけない」というバリアも、心理的安全性を育てるには邪魔になります。これも捨てましょう。

業務上で壁にぶつかったというだけなら、壊すなり、引き返すなり、横に回るなり、対処法があります。

しかし、やり場のないネガティブな感情を抱えたままでいると、業務にも支障が出るおそれがあります。

それに、やる気は浮き沈みがあるものです。人間誰しも、やる気が落ち込むことがあります。仕事によってグラデーションが生じて当然ですし、疲れているときや、人とモメているときは仕事をしたくないものです。大変なプロジェクトを抱えていて余裕がないときもあります。

それならいっそ、グチとして吐き出してしまったほうがいい。

上司としても、「グチを言うな」と押さえつけるより、定期的にグチを聞く機会をもうけて、グチを言えるように訓練をさせるほうが、チームの生産性を高めるためには得策ではないでしょうか。

僕の会社でも、ときどき「グチ会」を開いています。

「ピョートルが遅刻するのが面倒くさい」とか、何でもいいので、業務のなかで面倒くさいと思ったことを言い合う会です。

発言されたことは、ボードに書き出していきます。そこでリストアップされたことを眺めながら、解決するプライオリティが高いものから、議論していきます。

といっても、その場でぜんぶ解決できるわけではありません。そもそも、問題解決できなくてもいいと思っています。

グチを言うことで、少しでもガス抜きができたらＯＫです。

「お客さんの性格は変えられないから、美味しいものを食べにいこうか」

「週末に思い切り遊んで、リフレッシュしよう」

そんな会話を仲間とするだけでも、気持ちのケアになります。

そのほかにも、意図的にコミュニケーションの機会を持つようにしています。

例えば、カンファレンスやイベント、お客さんとのミーティングが重なると、毎日僕が外出することになるので、チームのメンバーと、one on one で話す時間がなくなります。そういうときは、やはり仕事でもミスが起こりやすいのです。あらためてコミュニケーションの時間をつくります。

以前から、僕はメンバーと飲みにいったり、食事をしたりすることが多いほうです。飲みニケーションが嫌われがちな昨今ですが、おおいに効果があると僕は思っています。

「がんばりすぎて疲れちゃいました……」

と泣いている人に、合理的な説明を求めるのは酷でしょう。それなら、「よしよし、一杯やろうか」と、飲みにいったほうがいい。アルコールが入って気がゆるめば、なんで疲れたのか、整理して話ができるようになります。

そうして、問題のありかを突き止めてしまえば、適切なサポートができます。「全然アウトプットに納得できないんです」とか、「やりたいことが全くできません」とか、グチっぽくなるかもしれませんが、自分の抱える問題を誰かに聞いてもらったというだけでも、ずいぶんストレスは軽くなります。

それに、それだけの情報があれば、上司のほうも「あなたにはこんな力があるよ」「なぜ納得できないの？」「納得するには、どうしたらいいと思う？」などと、コーチングができるようになります。

お酒が入らなくても、オフィスから離れるだけでも、話せなかったことが話せるようになります。頻繁にコミュニケーションをとっていれば、心理的安全性も育っていくのです。

だからといって、甘やかしているとか、のんびりしているかというと、そんなことはありません。むしろ心理的安全性があればこそ、ビシビシ働いてもらえるというものです。

「忖度《そんたく》」がはびこらない職場にする

「忖度」が多い職場も、ムダながんばりを求められ、疲れるばかりで心理的安全性を損ねています。

上司の機嫌を損ねまいと、聞けばいいことも聞かず、上司が心のなかで望んでいることを妄想し、あれこれ気を回した挙げ句、ミスをする。集中力を浪費するばかりで、ストレスをため込みます。忖度しながら、仕事にもエネルギーを注ぐなんて器用なことは、人間にはできないのです。

それよりは、わからないことはわからないと言える職場のほうが、ずっといい。

忖度する必要がない組織は、仕事に集中でき、パフォーマンスも高まります。

もちろん、相手の気持ちや考えを慮る、エンパシーの能力は必要不可欠です。プロフェッショナルであっても恋愛関係や家族関係でも、相手が何を考え、何を望んでいるのか、推し量る力が要ります。誕生日プレゼントを選ぶとき、何をあげたら喜んでくれるだろうかと考えるのは、楽しいものです。

ただ、仕事上でわからないことを「わからない」と言ったり、相手に質問をしたりすることを失礼だ、恥ずかしいと思うのは忖度のしすぎというものです。

管理職や経営者の立場からすれば、わからないことは早めに聞いてもらったほうが助かります。そのときは耳が痛いかもしれませんが、早い段階で問題がわかれば、軌道修正もしやすいのです。

言わないまま、聞かないままの忖度は、もうやめましょう。言ったら失礼、聞いたら失礼というのは、案外思い過ごしなのです。

一方で、特に日本企業に気をつけてほしいと思うのは、**「相手のプライベートに踏み込む質問をしない」**ということです。アメリカやヨーロッパの常識に比べると、日本人は他人のプライベートを詮索することが多い民族だと感じます。

僕も、講演会に来てくれた人が「日本の女の子は好きですか」などと平気で聞いてくるので、驚くことがあります。なぜわざわざ、講演会で女性の話を？　お酒が入れば「キャバクラにいった」等の話題を振られることもあります。

海外とは明らかに違う文化を感じます。僕らヨーロッパ人も、お互いずいぶん仲良くなって、友人同士といえる関係になってからなら「最近デートしてる？」くらいの話はします。でも日本だと距離感が本当にわからないのです。

「ピョートルさん、日本は長いんですか？」

「はい、来日して18年です」

「和食は好きですか？」

「好きです」

「じゃあ、日本の女性は？」

「……」

初対面で、こんな質問をされるなんて、ちょっと信じられません。

このように、プライベートの情報を聞き出そうとする質問は、心理的安全性を傷つけられます。僕が回答を避けても、親密さを高めようと思うからなのか、しつこく聞いてくるのです。しかし、どのように答えても、その後の会話は、気持ちのいいものにはならないと思います。

オープンクエスチョンで心理的安全を保つ

質問に関してですが、**相手に「イエスかノーか」で答えさせるクローズドクエスチョンは、かなりのプレッシャーを与えます。**

まるで尋問のように、心のなかにズカズカ入り込まれている感じがします。

恋人の有無にしても、イエスかノーかで答えさせるのは、かなり立ち入った聞き方です。「日本の女の子は好きですか」という質問にしても、イエスかノー、どちらで答えても差し障りがあります。

会話のとっかかりとして質問するのは悪くありません。しかし、クローズドクエスチョンばかりだと、相手の心を開かせるのは難しいのです。

そこで、オープンクエスチョンです。

英語には、“tell me about yourself（あなたのことを話してください）”という言い方があります。こちらは、回答内容に自由度があるオープンクエスチョンです。どう答えるか、相手に委ねられています。

話したくないなら、無理に話さなくていい。でも、自己開示したいなら、ぜひそうしてほしい。そう促す言葉です。

もしそこで、こんな家族がいて、こんな恋人がいて、と相手のほうから話してくれたのなら、それに対して、反応すればよいのです。

「なんだか回りくどくて、他人行儀な会話だな」と感じる人もいるかもしれません。

しかし、心理的安全性をつくるには、そうして相手を尊重する環境が必要なのです。

僕自身、数カ月がかりのプロジェクトを一緒に動かしていても、結婚しているかどうかも知らない人がいます。相手から話題にしてくれるのはかまいませんが、僕から聞き出そうとは思わないので、ずっとそのまま、という可能性があります。

プライベートの情報を共有することで親密性が高まる、という効果があることは事実です。しかし、それは自己開示に委ねるべきなのです。

心がけるのは、相手が困らない、不安にならない会話です。

ただそれは理想であって、僕もそれが完璧にできているとは、全く思いません。日本人に「プライベートに踏み込む質問をしがち」という癖があるように、僕も知らずのうちに、誰かを傷つけていることでしょう。

また僕は、イエスかノーかで答えさせるクローズドクエスチョンでプライベートを探ることを失礼だと感じますが、日本人にとっては“tell me about yourself”のようなオープンクエスチョンのほうが答えにくく、プレッシャーを感じる、イエスかノーかで答えるほうが簡単だ、という意見も聞きました。

こうした文化の違いもあるなかで、心理的安全性をつくっていくのは、簡単なことではありません。だから毎日、勉強したいと思います。忖度するのではなく、率直に尋ねて、本当の気持ちを知りたいと思っています。

例えば、最近ＬＧＢＴへの寛容度が高まっているといわれますが、ある日ＬＧＢＴ活動家の増原裕子さんとイベントをご一緒する機会があり、レズビアンの方がどんなことを気にしているのか、素朴な疑問をぶつけてみました。

聞いてみないとわからないこともありましたし、直接ストレートに聞けるのだということも大きな学びになりました。

ＬＧＢＴの人たちをとりまく事情は複雑で、僕から「こうすれば大丈夫」とは、とても言えません。

例えば、僕が「日本の女性は好きですか」と聞かれても答えを避けるのと同じように、ＬＧＢＴの人たちも、ＬＧＢＴ当事者であることを明かさなくてもいいのではないか、カミングアウトしなくてもいいのではないか、という議論があります。

しかし、当事者にとっては「隠して生きればいい」という簡単な話ではありません。例えば、パートナーが同性の場合、保険の受け取りや遺産相続はどうするのかといった問題があります。また、「彼女いますか」「彼氏いますか」と質問されたとき、本当のことが言えず、気まずい思いをします。

でも「パートナーはいますか」という質問なら答えやすくなるということを、増原さんとの会話で学びました。なるほど、これならパートナーが女性か男性かを伏せた答え方ができます。

これからも、勉強していこうと思っています。

7章

自分にしかできない「新しい価値」の生み出し方

「ミッション」はこう考えれば見えてくる

幸せに働くための5つの条件

僕は、人が幸せに働くためには、次の5つの条件が必要だと考えています。

①自己認識をする
②自己開示をする
③自己表現をする
④自己実現をする
⑤自己効力感をあげる

出発点は①です。自分の本当の価値観を知り、「社会に対してこんなインパクトを与えたい」と明らかにすることです。これはいわゆる「ミッション」や人生の「軸」「目標」にあたります。

②は、そうして思い描いた自分の理想や未来を手に入れるために、「これがほしい」とオープンにすることです。

そのとおりのかたちで③自己表現、④自己実現ができると、⑤「自分はできるんだ」という自己効力感が上がり、自信や、幸せを感じるようになるのです。

これを仕事に置き換えると、どうなるでしょうか。

本書を通じて僕は、「これまでのようにがんばるのではなく、不要な仕事を捨てて、楽になるべきだ」と話してきました。

そこで節約した時間を、よりインパクトが大きい仕事に投入すれば、生産性が何倍にもなるからです。

でもそれが、「会社から与えられたノルマを達成するため」だったら、仕事にやりがいを感じることはできないでしょう。それは結局、他人に振り回される人生。やっていても疲れるだけです。

仕事の先には、自分自身の価値観に根ざしたミッションや目標があってほしいのです。それができると、仕事と自分の幸せがつながります。

自分の価値観から生まれた仕事だからこそ、それが認められたり評価されると自己効力感が上がり、幸せな気持ちになるのです。

to doリストに急かされるように忙しく働いていると、ミッションや軸、目標といったものを見つけられないままです。30代、40代になっても、「自分のやりたいことがわからない」という人がいるのは問題です。

では、具体的にどうしたらよいのでしょう。

1つは、「過去の振り返り」です。
例えば、自分は何にワクワクを感じて、何にイラッとするのか。
仕事を通じて何を得たいのか。
どんなときに「いい仕事をした」といえるのか。
そんなふうに、自分のこれまでを振り返っているうちに、だんだん自分の価値観が見えてきます。

振り返りに役に立つ具体的な質問を、いくつかご紹介しておきます。これは僕が、ミッション探しをお手伝いするワークショップで使っているものです。

まずは"give"の質問を考えてみましょう。

①あなたのパッション（情熱）は何ですか？（何に夢中なのか）
②あなたのビジョンは何ですか？（どんな世界が見たいのか）
③あなたのミッションは何ですか？（何がしたいか）
④あなたの野望は何ですか？（どういうふうに、いつまでにやりたいのか）
⑤あなたのサポーターは誰ですか？（応援、支援してくれる人は？）

次に"take"の質問です。

①あなたは仕事を通じて何を得たいのか？
②どうしてそれを得ることが大切なのか？（「なぜ」と3回問うて深める）
③何をもって「いい仕事をした」といえるだろうか？
④どうして今の仕事を選んだ（選んでいる）のか？
⑤去年の仕事は、今年の仕事にどうつながっているだろうか？
⑥あなたの一番の強みは何だろう？

⑦周りの人は、あなたをどう支援できるのか?

ここでいうgiveとは、仕事を通じて世界にもたらしたいことです。また、takeとは、仕事を通じて得たいこと。

自己実現は、giveとtakeのバランスから生まれます。

ミッションは雪だるま式に大きくなる

1章でも言いましたが、まずは「自分のミッションは何か」という質問に慣れることが大事です。

僕が企業に呼ばれてワークショップをするときも、なかなか自分のミッションを見つけられない人がいます。ミッションというと、なんだか肩に力が入るのかもしれません。でも、僕のワークショップでは、「答え」を求めているわけではないのです。

自分の人生を何度も振り返っているうちに、1%でも自分の認識が深まったら、御の字です。大きいビジョンは出てこなくても、これがしたい、あれがしたい、あそこに行きたいといった気持ちに、気がつくかもしれません。

「サラリーマン生活のなかですっかり忘れていたけど、もともと起業家になりたかった」などと、忘れていた昔の気持ちを思い出すかもしれません。それなら起業家が登壇するようなイベントに行ってみるのも１つの選択です。

何かやりたいことが見つかったら、外に出て、どんどん試してみましょう。誰に遠慮することもありません。

行動には必ず結果が伴います。一歩踏み出してしまえば、あとは雪だるま式に、やりたいことが膨らんでいく可能性が高いのです。

小さいチャレンジから、次第に大きなチャレンジへ。半年後、１年後にはまた違う「やりたいこと」が見えてくるでしょう。そのまた先にあるのが、ミッションです。仕事と自分の価値観をつなげる、１つの軸です。


僕の周りにも、そんなふうにしてミッションを見つけた人がたくさんいます。

たまたま女性が多いのですが、たとえば自分の香水のブランドを作りたいといって、テレビのアナウンサーをやめて香水の世界に飛び込んだ人がいます。

あるいは、いきなりジュエリーブランドを立ち上げた専業主婦。

皆「自分のミッションは何？」という質問から人生が変わった人たちです。

ミッションというものは、そんなふうに、転がして大きくしていくものです。はじめは「こんなものがミッション?」というようなものでも、転がっていくうちに、周りがサポートしてくれるような、大きなミッションに育っていくかもしれません。

すぐ答えを出そうとしなくていいのです。大切なのは、自分に問い続けることです。いつか必ず「こんなふうに仕事がしたい」という答えにたどりつけます。

確かに、はじめから大きいミッションを掲げる人もいます。テスラのイーロン・マスクのように「人類を火星に移住させる」といった途方もないスケールのミッションを掲げる人も、なかにはいますが、そんなに立派なものである必要はまったくありません。

一生涯続くものでなくても、いいのです。

今の自分がどんな行動をして、何を勉強して、どんな人たちにどんな影響を与えたいのかを考えて、実行する。これがとりあえずの第一歩です。

僕のミッションだって、昔と今とではずいぶん変わりました。

覚えている限りでいうと、子供の頃はフォトジャーナリストになりたいと思っていました。当時のポーランドは共産主義の国。海外に行けるのはジャーナリストか、外交官ぐらいだったのです。僕もそんな職業につけば、海外に出て、見たいものが見られるようになると考えました。

同じ理由で船乗りにも憧れました。

大学に進学してからは、広報や広告といったコミュニケーション系の仕事に興味が移りましたが、就職するとまた興味が変わりました。

「仕事は結局、ミッションを実現するための手段でありチャネルでしかない。肝心なのは、そのチャネルを通じてどんな価値を発信するのか。自分にしかできないことを、発信していきたい」と考えるようになりました。

そして、今の僕のビジョンは、「皆が自己実現できる世界をつくること」。毎日、そのお手伝いをするために、仕事をしています。

最初から生涯のミッションを見つけ出そうとすると、かえって身動きがとれなくなります。ちょっと試しにやってみるという軽さがあるほうが、うまくいきます。

自分の人生のなかに、人類すべてに共通する問題が隠されています。自分の老後はどうなるんだろう、子どもが大人になった頃の世界はどうなっているんだろう。環境問題は？　格差の問題は？　それに対して、怒ったり、悲しんだり、希望を持ったり、さまざまな感情を抱いているはずです。

それをどうやって言葉にするか、具現化するか。そこがポイントです。

そこから、自分の価値観が見えてきます。自分がどんな価値を世界にもたらし（give）、また世界から何を得たいのか（take）、わかります。

「信頼される土台」をつくる

僕が「まず行動する」よう再三すすめているのは、それが自分の応援者や仲間を集めることにつながることが多いからでもあります。

起業家でもタレントでも、行動して、多くの人の目に止まるチャンスが多い人ほど、「あの人は面白い」といって、たくさんの人にサポートしてもらえます。

そうやって目立つ人ほど嫌われる、というのも事実です。

例えば、「起業家になりたいから就活はしない」という大学生がいたら、普通に就職活動をしようとしている周りの同級生たちとは話が合わないでしょう。

でも起業家の集まりに参加すれば、同じ志を持つ者として、サポートされるに違いありません。行動することで、仲間や応援者が見つかるのです。そこに気づかないと成功できません。

それまでの人間関係を捨て、自分と近い生き方をする人たちと接していくことを考えれ

ばいいのです。そこでまたミッションが加速していきます。

前例がないこと、誰もやったことがないことをやるのは怖いと思うかもしれません。でも、重くとらえずに、まず動いてみましょう。そうすれば、きっと仲間が現れます。

それは、あなたのことを好きになってくれる人たちです。あなたにとっては、それまで周りにいた人たちとは全然違う次元の人たちです。

これからの時代の成功者は、「こんな世界をつくりたい」「こんな世界が見たい」というミッションを持っているニューエリートたちです。その思いが強いほど、応援してくれるような仲間も集まります。

でも、行動しない限りは、ミッションも、ミッションにかける思いの強さもアピールできません。

つまり行動することは、「信頼の土台」づくりでもあるのです。

例えば、僕が突然、「世界平和のために、銃をなくす活動をしたい」といい出したら、「ピョートルに何ができるの？　何でやりたいと思ったの？」と質問攻めにされることでしょう。

それは僕に、その活動を応援してもらえるだけの信頼がないからです。

でも一方で、なかには、人生のとても早い段階で信頼の土台を持っている人がいます。

TED Talksで「タリバンに銃で撃たれた」というストーリーを持つパキスタン人女性の話を聞いたことがあります。

幸い彼女は回復し、世界平和のための活動をはじめました。

彼女には信頼があります。頭を撃たれたという、誰にもない経験とその後の行動が、信頼の土台です。だからたくさんの人が、彼女の話に耳を傾けるのです。「なぜ彼女がそれをやらないといけないのか、できるのか」、誰もがわかっているからです。


信頼の土台がある人は、たくさんの人を巻き込んでいきます。僕の身近な例では、仁禮彩香さんがいます。

現在21歳の若き起業家ですが、創業は14歳。「子どもによる子どものための子どもの未来創造企業」である株式会社GLOPATHを起業しました。

彼女には最初から明確なビジョンがありました。

「子どものアイデアを実現する」

「未来志向の学校を作る」

「がんばる大人を子どもが応援する」

小学生の頃には「私が行きたい学校を一緒につくりませんか」と先生たちに声をかけていたそうです。

そして14歳の若さで、起業という目に見える結果を出しました。起業当時はもちろん未熟で、できないことがたくさんありました。多くの失敗も経験しました。

でも理想を語るだけで終わらず、未熟な自分なりに試行錯誤し、実行に移したのです。これが何よりの、信頼の土台になりました。彼女のビジョンに共感する多くの人が手を差し伸べています。僕もその一人です。

信頼の土台は、経験だったり、実績だったり、スキルだったり、人によってさまざまだと思います。

いずれにせよ、「この人なら」と思わせ、他人を巻き込むだけの力が必要です。

もし自分に信頼が欠けていると思うなら、たとえばスタートアップを立ち上げるにしても、その前に一流企業で働き、経験を積み、「あの人は仕事ができる、こんな社会課題を

解決したいと本気で考えている」といった信頼の土台を作っておくのもいいでしょう。

ある男性に「こんな夢があります、ピョートルさんのもとでインターンしたいです」と声をかけられて、僕の会社に来てもらったことがあります。

でもインターンしてもらっている間、彼は思ったようなアウトプットを出すことができませんでした。それどころか、仕事をお願いした1週間後になって「この仕事は自分のミッションと関係ありません」と言い出したので、困りました。

例えばダンサーになるにも、まずは基礎となるダンスを学んでから、自分独自のダンスのスタイルをつくるという順序になるはず。

まずは行動すること。それが信頼の礎になるのです。

「全部」より「1つだけ」

この話のポイントは2つあります。

第一に、信頼の土台につながるような、インパクトのある仕事をすること。

そして第二に、新しい学びができるだけの余裕をつくるために、不要な仕事を捨てることです。

極端な例ですが、起業家になりたいという学生がいたら、将来につながりそうにない学業は適度にサボってしまい、スタートアップでインターンを経験するという手もあります。「これだけやれば卒業できる」という最低限の勉強以外は、思い切って捨てるのです。そうして余裕をつくり、実際に起業家に接してみて、彼らの考え方や修羅場を体感したほうが、どれだけ役に立つかわかりません。

「資格をとって会計士になりたい」と考えている会社員がいたら、たとえば日中は要領よくインパクトを出せる仕事に時間を投入し、残業を極力おさえ資格をとるための勉強に時間をあてる。

仕事を１００％がんばっていたら、勉強時間など取れないに決まっています。時間は限られているのですから、１つのことに打ち込もうと思ったら、それ以外は捨てるしかありません。

「全部がんばる」
「どんなときも手を抜かない」
それは日本人らしい生真面目さ、勤勉さかもしれません。でも、ミッションを追求したいと思うなら、ここはいったん離れるべきだと思います。

そもそも「全部がんばる」というのは、自分のミッションがこれと定まっていないからできることです。

本来、ミッションにつながること以外は優先順位を下げていいはずです。

究極的には「自分にしかできないこと」以外は捨てることです。

何度も繰り返しますが、誰しも、世界にインパクトを与えるような大きな仕事ができます。しかし、あれもこれもと仕事を抱えていたら、それも不可能です。

そもそもミッションさえ、人によってさまざまです。なかには、「家族と過ごす時間を増やしたい」「趣味のバイクに人生を捧げたい」といった、個人に限定されたミッションもあると思います。

また、人にはパブリックな時間もあればプライベートな時間も、また誰の目にもとまらない「影」の時間もあります。

パブリックというのは、各種の「儀式」がそれにあたります。結婚式やお葬式など、特別な服を来て「こうしないといけない」というルールを守らないといけない場所での時間です。そこでは他人の評判が指標になります。他人に「いい結婚式だった」といってもらえるようにしないといけません。

プライベートというのは、家族や友人、恋人といっしょにいる時間のことです。いい子だねとか、大丈夫だよとか、泣いてもいいよとか、自分の価値を無条件に承認してもらえる時間です。

影の時間では、あらゆる役割から解放されています。裸になって寝転がっていても誰にも文句をいわれない時間です。

僕を例にとると、パブリックにおいては、パブリックスピーカー（講師）という役割がありますし、また会社の代表取締役でもあり、本の著者でもあります。プライベートにおいては、誰かの友人であり、仲間でもある。もちろん、誰も知らない僕の姿もあります。

しかし大切なのは、いくつもの役割があるなかで、自分が一番大事にしたい、担いたい役割をきちんと決めることだと思います。

その役割を通じて誰に何を提供し、また自分は何を得たいのか。そのgiveとtakeのバランスを見定めます。そのほかの役割については、優先順位を下げて、ときには捨てます。

全部の役割をこなすのではなく、1つ、2つをひたすら全うするのです。

ミッションを絞り込むことで、全部をがんばる人よりも高く評価されるということがよくあります。

アーティストなどは、その典型です。

音楽家は、極論するとステージに出て素晴らしい演奏をして人を感動させることができれば、それ以外のことは何もしなくてもかまわないとさえいえます。その音楽家にとっては、演奏こそが「自分にしかできないこと」。それ以外のことは、マネジャーやスタッフが肩代わりできます。

ルールを捨てて「軸」を持とう

「人間には、楽な状態を求める人と、多少苦労してでも色々な経験を求める人の2タイプしかない」

――ある人に、そんなことを教わりました。事実かどうかはさておいて、僕にはとても興味が惹かれる話でした。僕の経験からいっても、腑に落ちることだからです。

僕はというと、楽な状態が欲しいとは思わないのです。むしろ難題を乗り越えて成果を出していくことが大好き。相当ハードに働いても、フロー状態に入っているので、あまり疲れません。同じスケジュールで働いたら、メンタルに不調をきたす人もいるかもしれませんが、僕は、こういうライフスタイル、ワークスタイルがいいと思っているのです。

もっというと、僕はこういう生き方のほうが「楽」なのです。かわいいもの、癒やされるものはあまり必要とせず、シンプルでスパルタな人生のほうが楽です。

でも、フロー状態に入る条件は人によって変わります。スキルと難易度のバランスがいいとフロー状態に入りやすく生産性が高くなりますが、どんなバランスがベストなのか、人によって幅があります。僕にとっては心地よくても、ある人にとっては非常にストレスフルというバランスがあり得るのです。

だから「楽に働きたい」と言う人もたくさんいます。お子さんがまだ小さくて手がかかる時期は、帰りが遅くなる仕事は避けたくなるでしょう。また夜に大学院に通いたいから残業はＮＧという人もいます。

選択肢は、収入が減ることを受け入れて勤務時間を減らすか、出勤時間を早めてこれまで通りのパフォーマンスをあげるか、それでも業務に支障が出そうなら自宅業務でキャッチアップしてもらうか。いずれにせよ、必要に応じて「今は楽な仕事がいい」と言える職場環境をつくることが、企業や上司には大事です。

僕だって、メンタルが揺れることがあります。

２０１８年5月に、唯一の家族だった兄を亡くしたときはとても辛かった。でも、辛いときは辛いと言える職場をつくっておいたおかげで、乗り切れました。

普段から「今日は疲れているから、打ち合わせには出ません」「昨晩は2時までお客さんと飲んだので、朝はゆっくり寝かせてください」と言える環境にしてあるのです。

もちろん社員が同じ理由で休んでもらってもかまいません。あとでキャッチアップしてもらうことも含めて、個人の自己責任です。

何のために働き、生きるのか。僕にとっての答は「自己実現」です。しかし別の人は、別の答になるでしょう。僕の生き方を人に押し付ける気はありません。

人それぞれ、自分のリミットを知ることが大切です。

僕が前著『Ｇｏｏｇｌｅ流 疲れない働き方』を書いたのも、「自分のルールに従わないと、自分らしく働けない」ということをわかって頂きたかったからです。

「何のために」生きるのかが、人によってまちまちであるように、心身のタフネスの度合いも、バラツキがあります。

前にもふれたように、僕が働き方改革を懸念しているのも、この点です。より自由な働き方を実現するための施策であるはずなのに、現実には、制度によって働き方をまた別の型にはめようとしている。

それよりも、働く人自身が「自分はこう生きたいんだ」という軸を見つけるほうが、はるかに大切です。

仕事も人生もミニマリズムへ

僕は、仕事でもプライベートでも、「人と人とをつなげる」のが好きです。「なんでわざわざそんなおせっかいを？」と聞かれることがあるのですが、僕のミッションは人の自己実現のお手伝い。自己実現のため、一緒に事業をすることもあれば人を紹介することもある、というだけです。面倒だとは少しも思いません。

それは僕にとって、とてもシンプルな生き方です。嘘をつかず、ありのままの自分で生きている感覚があります。

それだけでなく、僕の仕事にも直接的なメリットがあります。日本には「恩返し」という素晴らしい文化があります。僕が縁をつないだ2人が幸せになってくれたら、「ピョートルさん、ありがとう」と感謝され、信頼され、尊重してもらえます。それによって、人と長期的な信頼関係を結ぶことができます。

それはまた、自分の支援者をつくることでもあります。困っている人を助ければ自分が困ったときに助けてもらえる。「恩返し」の文化がある日本の方なら、これは自然に理解していただけるのではないでしょうか。

僕が生まれ育った環境も、こうした考え方に影響しているかもしれません。

僕は1975年に、当時は社会主義国だったポーランドの、とても小さい村で生まれました。

小さい村というのは、どこもそうかもしれませんが、「シェアリングエコノミー」で動いています。

近所の人からバケツ1杯のイチゴをもらったら、次の収穫のときに手伝いにいきます。自分の畑でポテトを収穫するときも誰かに手伝いを頼みますし、そのポテトはお隣におすそ分けします。

今「シェアリングサービス」というとイノベーションの最先端のように思われがちですが、とんでもない話です。田舎の人たちは、はるか昔からずっと、モノや時間、スキルを分け合って生きてきました。それはシェアリングエコノミーそのものです。

僕は、それを日本で、「人を紹介する」というかたちで続けているだけです。そのお返しに「ピョートル、こんな面白い人がいるよ」と逆に紹介してもらえることもあります。

それはとても自然なことです。

「捨てる」という言葉には、僕にとって「自然に戻る」という意味もあるのです。シンプルな生き方に立ち返るために「捨てる」のです。

僕が黒い服ばかり着ているのも、新しいことをしているとは思いません。昔の人は、今のように服を何着も持たず、せいぜい、1着、2着でした。肌が隠れて、体温を保てればよかった。それがいつのまにか、ファッションモデルでもないのにクローゼットいっぱいのシャツを揃えるようになりました。おかしな話です。

僕が、朝の時間をムダにしないようにと黒い服を着るようになった直接のきっかけは、アインシュタインの話を聞いてからです。アインシュタインは同じスーツを10着揃えて、毎日着回していたようです。それでいいじゃないか、と思ったのです。

そう考えると、人脈だって、自分1人で抱え込んで守ろうとするのは変です。昔の生き方のように、シェアすればいいのです。

AIをはじめとする最新のテクノロジーも、そのために使うべきだと僕は考えています。

テクノロジーが人間の仕事を楽にしてくれるなら、人間が自然な生き方に立ち返る余裕も生まれることでしょう。

ＩＴの進化が牽引しているシェアリングエコノミーも、人間の自然な生き方に戻る動きとして、僕は評価しています。

メルカリはよい例です。モノを持ちすぎている、捨てすぎているという社会問題に対し「売ればいい」という極めてシンプルな解決策を示しました。いらないモノがあればスマホで写真をとりアップするだけで、買い手がつきます。買ったモノがいらなくなれば、またメルカリで売りに出せばいい。このスピード感と手軽さは、オンライン上の何万人という人とモノをシェアしているかのようです。

僕が望むのは、こうしたシンプルな生き方です。

前著『ニューエリート』において、ニューエリートの特徴として「ミニマリズム」を紹介しました。

消費行動において、見せびらかすような消費をせず、必要最小限の消費で暮らすのが、ニューエリートの嗜好になっています。

僕も質素な暮らしのほうが好みです。服は黒だけ。昼食はコンビニで買ってくるサラダ、おにぎり、お弁当。お金を使うといったら、人に会い、勉強することに使うぐらいのものです。

それは仕事においても同じです。

ニューエリートは余計なことをせず、シンプルに働きます。ありのままの自分の価値観にのっとり、ミッションの実現のために働きます。

プレゼン用のスライドづくり1つとっても、ミニマリズムが貫かれています。

「この文章は本当にいるのだろうか」

「もっと短くできないだろうか」

「そもそも、新しくつくる必要はあるのだろうか」

「プレゼン自体、必要なのだろうか」

「どうしてもつくらないといけないなら、アウトソーシングできないだろうか。あるいは、チームに任せられないか」

人生をよりシンプルに生きること。「がんばらない」、「捨てる」というキーワードが、僕たちのそんな願いを叶えてくれるのです。

おわりに

「がんばらない働き方」、いかがでしたでしょうか。

最先端の仕事に対するHOW TOやリーダーシップを磨きたい方は、ぜひ僕の他の著書にも目を通して頂けるとうれしいです。

詳しくは『0秒リーダーシップ』(すばる舎)、『世界一速く結果を出す人は、なぜ、メールを使わないのか』、『Ｇｏｏｇｌｅ流 疲れない働き方』、『働き方改革による「自己実現」』(以上、ＳＢクリエイティブ)、『日本人の知らない 会議の鉄則』(ダイヤモンド社)、『ニューエリート グーグル流・新しい価値を生み出し世界を変える人たち』(大和書房)、『世界最高のチーム』(朝日新聞出版)、『人生が変わるメンタルタフネス』(廣済堂出版)、『リラックスイングリッシュ』(ＫＡＤＯＫＡＷＡ) をご参照ください。

また、本書を通して、僕やプロノイア・グループにご関心を持ってくれた方は、ＳＮＳやウェブサイトもぜひ覗いてみてください。

フェイスブック：https://www.facebook.com/piotrgrzywaczofficial/
ツイッター：https://twitter.com/piotrgrzywacz
ウェブサイト：http://www.pronoiagroup.com/
インスタグラム：https://www.instagram.com/pronoiagroup/

最後にはなりますが、この一冊は沢山の方々のお力添えあって生まれました。企画編集を頂いた青春出版社の村松基宏編集長、編集協力を頂いた東雄介さん。梶素己さん。そのほかに、青木千恵さん、蒼井千恵さん、有園響海さん、伊澤慎一さん、大日田貴司さん、オメガさと子さん、川嶋一実さん、久保貴資さん、熊倉由実さん、坂本愛さん、世羅侑未さん、殿岡弘江さん、永田貴枝さん、弘中寛太さん、藤原紀子さん、平原依文さん、星野珠枝さん、ＳＮＳで貴重な意見を残してくれたみなさまに、この場を借りて感謝を申し上げます。

ピョートル・フェリクス・グジバチ

著者紹介

ピョートル・フェリクス・グジバチ
(Piotr Feliks Grzywacz)

プロノイア・グループ株式会社代表取締役/モティファイ株式会社取締役チーフサイエンティスト。プロノイア・グループにて、企業がイノベーションを起こすため組織文化の変革コンサルティングを行い、その知見・メソッドをモティファイにてテクノロジー化。２社の経営を通じ、変革コンサルティングをＡＩに置き換える挑戦をする。ポーランド生まれ。2000年に来日し、ベルリッツ、モルガン・スタンレーを経て、2011年、Googleに入社。アジア・パシフィック地域におけるピープル・ディベロップメント（人材開発）に携わったのち、2014年からはグローバル・ラーニング・ストラテジー（グローバル人材の育成戦略）の作成に携わり、人材育成と組織開発、リーダーシップ開発の分野で活躍。2015年に独立し現職。著書に『リラックスイングリッシュ』（KADOKAWA）、『日本人の知らない会議の鉄則』（ダイヤモンド社）、『世界最高のチーム』（朝日新聞出版）等がある。

ゼロから“イチ”を生《う》み出《だ》せる！
がんばらない働《はたら》き方《かた》

2019年１月20日　第１刷
2019年２月20日　第２刷

著　者　ピョートル・フェリクス・グジバチ

発行者　小澤源太郎

責任編集　株式会社プライム涌光
電話　編集部　03(3203)2850

発行所　株式会社青春出版社
東京都新宿区若松町12番１号 〒162-0056
振替番号　00190-7-98602
電話　営業部　03(3207)1916

印刷　中央精版印刷　製本　大口製本

万一、落丁、乱丁がありました節は、お取りかえします。
ISBN978-4-413-23111-4 C0095